铁之温

IRON

用设计打开世界

03 / 铁之温

班門

iron

《班门》编委会 编

北京联合出版公司
Beijing United Publishing Co.,Ltd.

出　品：北京城建设计发展集团
　　　　北京联合出版公司

班门前弄斧

《班门》是北京联合出版公司和北京城建设计发展集团共同打造的一本有关设计的杂志。

北京联合出版公司所在的西城区是北京市唯一的“设计产业集聚区”，北京城建设计发展集团是一家设计企业。都是设计，也都离不开设计。设计是个舶来词，中国传统的说法是“营造”，营造的宗师是鲁班。鲁班是工匠，鲁班也是发明家，是创客，“工匠精神”和“创客精神”是这个时代呼唤的精神。

在班门前弄斧，看似不自量力，却也透着一股后生的无畏。以“门”为界，门内，向大师致敬、取经、学艺；门外，是后生的操练、游历、体验；门，是作品，是被大师加持的“手艺”，是回馈世界的“匠心营造”。于是，“门·内”“门”“门·外”，便成为《班门》的结构。

在班门前弄斧，练就“设计”的十八般武艺。设计，不仅仅是图纸和图纸变成的轨道、房子、高速路，其虚如人生，实如器皿，恒久如一块美玉，倏忽如一次旅行，形态、色彩、质感、声音、气味，都是设计。设计，就藏在世界的背后，唤它出来，深度阅读，岂不就读懂了世界？！“用设计打开世界”成为《班门》上镌刻的理想。

在班门前弄斧，实现深度阅读和求学新知的理想。《班门》里没有小品文、心灵鸡汤和拼凑文章。我们要的不是碎片化读本，而是作者消化了一摞文本、一把时间、一众经历后吐出的文字；我们要的不是高度的概括性，而是极度的细部展示；我们要的不是炫耀文笔，而是老老实实把自己想写的东西交代清楚。

杂志本身也是一个“设计 ”。它传达的不只是文字，不是简单的美化，更是一种情怀和期许：希望更多的人在阅读过程中获得美的享受，既收获新知，又愉悦心情。设计“其实就是在读者和作者之间架一座桥，是媒人，让书和读者去恋爱 ”。而这正是设计的目标：为阅读提供最适宜的媒介。封面纸要滑而不光，像肌肤，内里纸要轻，要绵，要韧而不脆。字体、行距、页边距，都经过反复斟酌。插图，只选用必需的，因为“深度阅读”，文字将是主角。

其实，我们有个小小的野心，做杂志中的“米其林”，有品、限量，更要慢慢烹制。 2016 年以“建筑材料”为一系列，分别是木之纹、砼之色、铁之温、石之形。

第三期以“铁”继续构建我们对工匠精神的理解。人类历史上，铁的发现和大规模使用，是一个光辉的里程碑，它带人类冲出青铜时代，进入一个生产力大发展的进程。人们用它制犁，耕作大地，生产食物；人们用它造桥，以建筑将险路变通途；人们以它制钵，盛放自己的一饭一食。

这一期我们将看到，铁，这古老的材料，在当下能造出怎样新奇的意境。

2016 年 11 月

内

i n s i d e

空间折叠：结构大师卡拉特拉瓦

—

我的七张画

内

i n s i d e

空间折叠：结构大师卡拉特拉瓦

王汉军

2016 年 3 月 3 日，在“9・11”事件世贸大厦遗址上，新的世贸中心交通枢纽车站开放了。

它像一只展翅的白色钢铁巨鸟，由西班牙建筑大师圣地亚哥・卡拉特拉瓦(Santiago Calatrava)设计,灵感来自于孩童放飞鸽子的情景。

因为工期拖延、严重超支，在车站开放使用前的几年中，报纸上的批评家们鼓吹起自己的言语，箭一般射向卡拉特拉瓦。《大西洋月刊》（*The Atlantic*）的网络媒体“城市实验室”（CityLab）在一篇文章中历数这座建筑的各种设计问题，比如楼梯太窄，不足以容纳晨间上班高峰的人流，白色大理石地面可能有令人滑倒的危险，文章说“新枢纽辜负了它的客户”。其他报章评论也毫不客气，说它是“自我放纵的畸形物”“对公帑的可怕浪费”“辉煌的无用之物”。

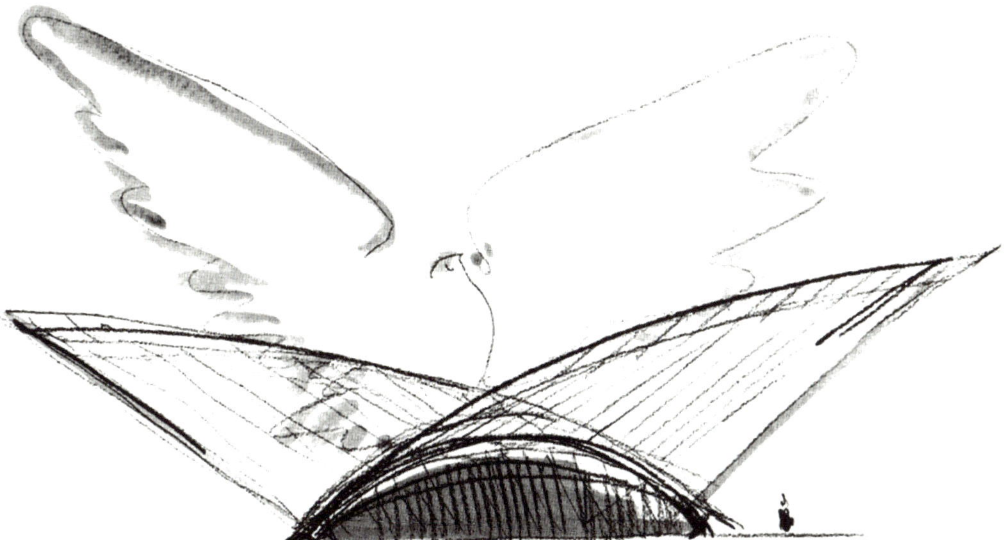

纽约世贸中心车站设计概念图

纽约世贸中心车站外景（图：Massmatt）

这些媒体似乎完全忘记了，在项目计划之初，卡拉特拉瓦的设计刚刚拿出来的时候，他们是怎样颂扬这雕塑般的巨鸟的。

这座车站地面上的建筑结构，全部由钢铁搭建，高高的钢铁骨架依高低次序，安插在地下基础上；密布的骨架的顶端，再伸展出一根根钢铁的“骨翅”，合起来，就成为一对张开的翅膀。在这座建筑身上，我们能看到卡拉特拉瓦所特有的建筑与结构设计风格。

整座建筑毫不遮掩地向世人展示着它能够站立的依凭：复杂的钢结构。结构本身就是建筑体的外立面，仿佛提纯了空间，并显示出一种不可抑制的飞翔欲望。

要折叠空间的男孩

卡拉特拉瓦出生于西班牙贝尼马米特（Benimàmet），这里原先是个小城市，现在已经成为一个区，并入西班牙瓦伦西亚市（Valencia）。卡拉特拉瓦母亲的家族有犹太血统。而他的姓，是中世纪时期古老的贵族名号，在历史上，这个贵族与西班牙的一个骑士团有关联。他父母两个家族都是做农业出口生意的，经常往返于世界各地，有时候也会带着小卡拉特拉瓦，这些经历帮助他形成了开阔的眼界。

在《圣地亚哥·卡拉特拉瓦：运动的诗篇》（*Santiago*

Calatrava :The Poetics of Movement）一书中，作者亚历山大·佐尼斯（Alexander Tzonis）对此有非常浪漫的描述：

> 少年与父亲一起在瓦伦西亚徜徉时，这座城市中美丽的中世纪和文艺复兴建筑，包括著名的建筑结构精品——梅尔加多商业交易所（Lonja del Mercado），都使年轻的卡拉特拉瓦受到了耳濡目染的熏陶。当回到乡下与世隔绝的村庄后，卡拉特拉瓦又整日沉醉在观察大自然、绘画和富于想象的游戏中，其中包括构筑可以飞行的精美结构体。①

除了家庭生活背景的浸润，卡拉特拉瓦的艺术教育也很早就开始了。他在8岁的时候去了一所艺术与手工艺学校参加绘画班；14岁，母亲又送他到巴黎学习法语；17岁又到瑞士学习德语；高中毕业后，卡拉特拉瓦到巴黎就读高等美术学院。但他到达不久，1968年5月的法国学生运动使学校停课，他只能返回了家乡。

但此时，他决定从美术转向一个新的领域。“我一直对数学很感兴趣，所以我转向了建筑，这是一个很好的平衡。”卡拉特拉瓦在瓦伦西亚理工大学（Universitat Politècnica de València）获得了建

① 《圣地亚哥·卡拉特拉瓦：运动的诗篇》。张育南，古红樱译。北京：中国建筑工业出版社，2005。

筑学的学位。1975 年，他离开西班牙，在瑞士苏黎世的联邦理工学院（Swiss Federal Institute of Technology Zurich）获得了土木工程的专业学位，掌握了结构工程学的知识。

在社会分工极为细致的工业社会，建筑学与工程学成为两个分离的专业。在这种情形下，难以出现如米开朗基罗那般的通才，结构工程设计常常失去与社会、环境和美学的对话机会。因此通晓建筑学和结构工程学两个专业，是一项巨大优势，使卡拉特拉瓦最终成为 20 世纪结构工程学专业人士中最卓越的一员。他通过打破如今常规的专业之间的藩篱，使我们重新思考形式、结构与建筑的功能之间的关系。这就像那些伟大的先驱，比如罗伯特·马亚尔（Robert Maillart）、皮埃尔·奈尔维（Pier Luigi Nervi）、弗雷克斯·坎德拉（Felix Candela）与爱德华多·托罗哈（Eduardo Torroja），他们都超越了仅仅解决技术问题的层面，对于这些工程大师们来说，结构是在注重效率的科学标准与创造新形式之间进行平衡。

卡拉特拉瓦将这种平衡的技巧推向极致，他认为结构工程学在建筑设计中是“可能性的艺术”，并不断寻找与创造一种新的形式语汇，这语汇建立在技术诀窍上，却又不是对技术的盲目的赞歌。

1981 年，卡拉特拉瓦凭借极具天才的论文《论空间结构的可折叠性》（On the Foldability of Space Frames）获得博士学位。这篇

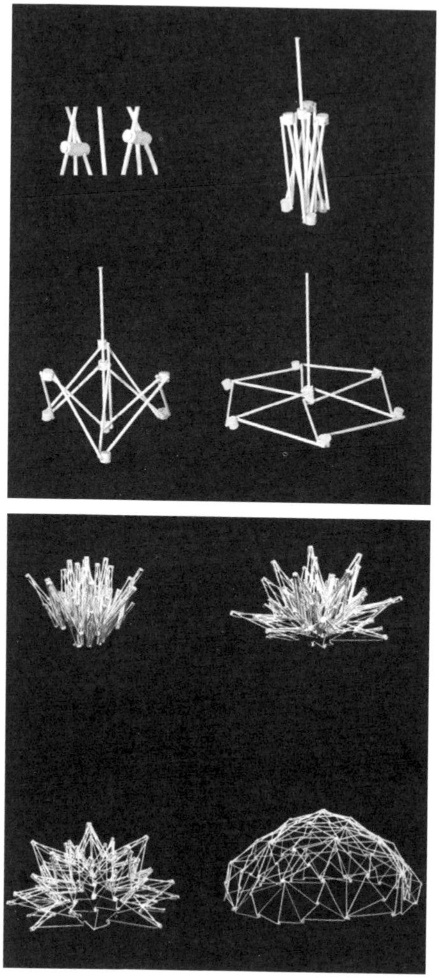

卡拉特拉瓦博士论文《论空间结构的可折叠性》示意图

论文是他结构大师道路的起点，未来他如魔术般幻化出的诸多建筑结构，也都能在其中寻得踪影。

卡拉特拉瓦提出了一个结构理论，它试图系统地生成与示范将三维结构折叠成二维结构，而后再变为一维结构的所有可能性。听上去，它和电影《盗梦空间》（*Inception*）中折叠城市空间一样奇妙。但实际上，卡拉特拉瓦的论述是由精确的计算与缜密的分析组成的。

在论文中，他假设用刚性长杆与各种活动节点结合成几何多面体，然后让这种多面体做移动、折叠、打开的运动。依靠节点和长杆的机械活动，卡拉特拉瓦可以设计出无穷无尽的曲线与曲面，并创造一种由一维到三维的结构体系。严谨的计算满足了这种结构抵抗压力与保持稳定的需求——这是未来建筑结构的基本要求。而在那些枯燥的数字中，又升腾着卡拉特拉瓦对形体变换的欲望，他最终借此完成了许多飞翔姿态的建筑体。

而助力卡拉特拉瓦想象力飞翔的，还有建筑大师勒·柯布西耶（Le Corbusier）。卡拉特拉瓦曾经对勒·柯布西耶的朗香教堂深深着迷，在做学生的时候，他曾专门为这栋建筑画过素描。朗香教堂于 1955 年诞生在法国东部上索恩地区的一座小山上，与周围山丘和草地的景观相呼应。它有着粗糙的混凝土“皮肤”，屋顶极厚重，却又带着小山丘般的轻盈曲线，勾勒出无拘无束的运动与冒险精神。这座小教堂给当时的建筑师们带来了强烈的精神震撼，向陈腐而呆板的建筑设计理念发起了挑战，被公认为工业革命以来世界上最伟大的宗教建筑之一。

卡拉特拉瓦接下了勒·柯布西耶的精神接力棒，成为了旧时代的伟大“叛徒”。

活的建筑体

拿到博士学位之后，经过几年的奋斗，卡拉特拉瓦在苏黎世有了自己的建筑师事务所。在他的办公室里，曾经挂着一个奇怪的工艺品：一只狗的完整骨架。那是苏黎世一个学兽医学的朋友送给卡拉特拉瓦的礼物，此人曾和卡拉特拉瓦一起合租公寓。

“当时我正在读博士，我帮助他画论文里的插图，然后他就把这个骨架送给了我。”

三十多年后，在西班牙瓦伦西亚图里亚河干涸的河床上，卡拉特拉瓦使一具巨型“白色骨骸”沉默地矗立于浅蓝水面的包围中。这是卡拉特拉瓦主持设计的“艺术科学城”中的菲利佩王子科学博物馆（El Museo de las Ciències Príncipe Felipe），它仿佛一只庞大的远古生物历经沧桑之后剩下的骨架，建筑整体为犀利的几何形状，支撑这个形状的，是两端对称的复杂三角形斜拉构件。这些建筑结构一共用去 58000 立方米混凝土以及 14000 吨钢材。在设计时，它的外形模仿的是鲸的骨架。

对生物的仿照，是卡拉特拉瓦结构设计的关键基因。他特别着迷于人体解剖学，因为早在文艺复兴时期，人们就将解剖学作为确定尺度与比例的基础。卡拉特拉瓦说：“在解剖学中，张开的手掌的形象、眼睛的形象、嘴和骨骼的形象都是灵感的源泉。通过研究我们身体的结构，你可以发现一种对建筑非常有益的内在逻辑性。”他会向来访的记者舒展自己的手，摆动自己的大拇指，然后说：“在我的手里，就有一点点建筑与工程的元素。”

卡拉特拉瓦第一次尝试利用人体与解剖学概念进行创作，是在瑞士苏黎世的斯塔德霍芬火车站（Stadelhofen Station）的扩建工程中。车站的柱子结构来源于他对自己手掌的研究，在麻省理工学院做讲座时，他说：“张开的手掌，代表着真诚与开放，我从张开的手掌又想到了手掌的侧面，我选择拇指与食指之间的部分，使之变为柱的形式。”这种模仿贯穿于整个项目，主要的扶壁柱、候车的棚架都是这种手指张开的状态，成为车站建筑外观的一大特征。

就这样，卡拉特拉瓦在设计中将建筑本身设想成人体，他说：“不管怎样，事物的尺度总是与我们的身体有一定的关系，建筑也非常自然地与人的尺度相关，因为它本身就是为人建造的。这使得解剖学成为创作灵感的一个源泉。”

1988 年，卡拉特拉瓦接受瑞士混凝土协会的委托，在瑞士的巴

菲利佩王子科学博物馆外立面（图：Huseyin Ulucay）

苏黎世的斯塔德霍芬火车站（图：Toni_V）

塞尔建筑展览会上设计过一个亭子。他对人体的“迷恋”在这个能使混凝土运动的机械结构建筑上完全显露出来。这是一个肋骨式的、类似环形的结构，就像人体的胸腔，由 14 根长达 7.8 米、重 1.2 吨的肋骨状混凝土悬臂组成。而在材料的运用上，卡拉特拉瓦试图赋予混凝土一种感官的效果，“类似肌肉与皮肤”。而它的流线型造型，需要考虑悬臂内部的钢材受力情况，并且要在混凝土加工过程中对温度进行精准控制，这些“肋骨”通过与曲柄上类似关节的构件相连，使每一只都能活动——这又是对人类手臂活动的仿照。

在这种仿生设计中，卡拉特拉瓦使细部形体的作用超出精致结构构件的范畴，犹如抵达了“有机”的彼岸。他说这种有机的想法是“在探讨一片细部构件如何与另一片构件搭接的过程中逐渐产生的”，而最终，“它使我们可以如神话般地再现人的胸膛”。

卡拉特拉瓦对人体器官最辉煌的仿生运用，还是在艺术科学城中。其中的核心建筑天文馆被设计成一只张开的巨眼形状，它也被称作“智慧之眼”。“巨眼”有 110 米长，中央最宽处有 55.5 米。屋顶是狭长的铝制材料的曲面遮阳板；侧面的混凝土拱柱支撑着透明的侧顶，并连接着下沉的廊道；在馆中央，端坐着一个球体，像极了一只眼球；拱的一侧有一道巨大的门，其开启与闭合，是对人类上眼睑活动的模仿。

实际上，在天文馆落成四年之前的 1994 年，卡拉特拉瓦就在沙

艺术科学城天文馆，其侧面的门可以模仿人眼睑的开合（图：Diego Delso）

艺术科学城天文馆的设计概念图

特拉斯机场轻轨铁路车站（Satolas Airport Railway Station）的建设中使用了眼睛的造型。这座建筑好像一座桥梁，可以看成被拉长的，“由结构、管道和跨越性构造复合而成的综合体”。整个车站和屋顶的构思都源于眼睛的结构，车站的两个侧面仿佛是两只“背靠背”的有着长睫毛的眼睛。

在简单的器官或身体部位之外，卡拉特拉瓦更感兴趣的是人体的整体运动方式。他的第一座摩天楼，被称作“扭转大厦”（Turning Torso），这是一栋位于瑞典马尔默（Malmo）的极具创新性的54层高楼，楼体的扭曲达到90度。这栋楼的设计灵感来自于人体的脊柱。

在此之前，卡拉特拉瓦曾经系统而抽象地研究了人体的头部如何固定在身体的上方，以及如何扭转。他认为：“因为整个头部都支撑于脊柱的第一节颈关节上，所以它可以自由扭转，这使得抬头、转头、低头或组合起来的动作，非常有趣和富于戏剧性。”

卡拉特拉瓦利用雕塑来进行这方面的研究，他试图利用最少的构件来固定代表人类身体部位的立方体，用非常细的细杆和一些线进行围绕支撑。比如一个被看成头颅的立方体在垂直方向只有一个构件支撑，而另一个斜向的构件起到拉接作用，将立方体固定在水平位置上。

在另外一个雕塑中，卡拉特拉瓦进一步研究了人体的脊柱如何完成扭曲、绕着轴心旋转、弯腰或伸展等动作。他将立方体绕着中

瑞典马尔默扭转大厦外立面（图：Monika）

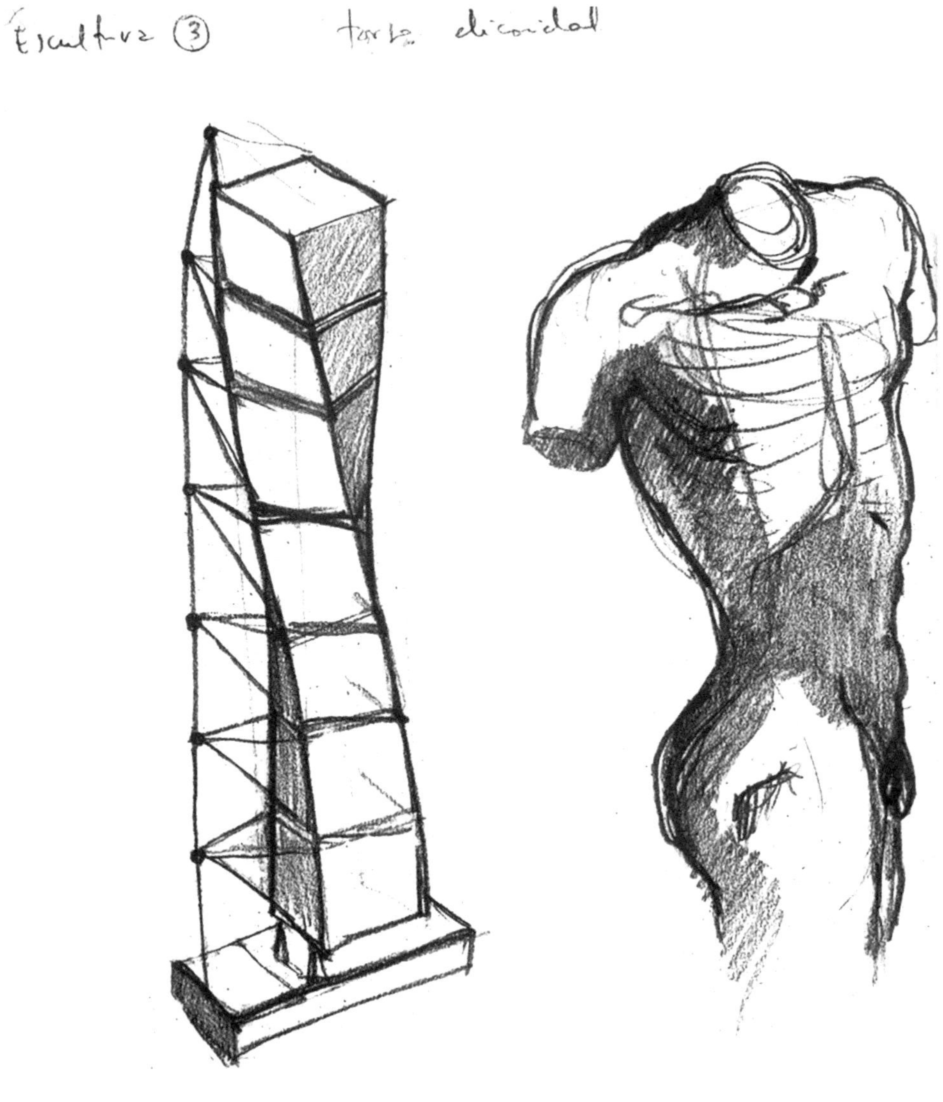

卡拉特拉瓦的雕塑作品设计图

心的绳索周围错落摆放，这就是马尔默扭转大厦的雏形。

除了对人与动物的仿照，卡拉特拉瓦对植物的形态也有极大的兴趣。他最著名、最壮观的作品之一，是位于加拿大多伦多的名为“BCE Place”的商业综合体。在长达 130 米的宽阔空间内，卡拉特拉瓦设计了一个高耸的长廊，他将现代化的城市设计观念和自己对结构的痴迷融入了维多利亚风格的拱廊。

卡拉特拉瓦为研究脊柱而做的雕塑作品

长长的拱廊内，每一侧由数根粗壮的钢柱支撑，钢柱在中间开始分叉，分出的枝杈在伸展出一段长度之后再次分叉，这些更细的钢杆再分出密密麻麻的细小枝丫，在 27 米高的走廊顶部汇合成横跨 14 米的抛物线形的穹隆，仿佛满是参天大树的原始森林在高处连绵而成的“叶浪”。在拱廊中部，有一处小广场式的空间，在这里，树木的形状更为显著，而顶部的曲线结构织成一片浪涌的状态。

这种结构中的一些钢架形成的尖锐角度，看上去是对哥特教堂建筑中的广场与走廊的承继。但正是有了这种新时代才能实现的钢结构，卡拉特拉瓦才能利用“森林”来重新诠释历史风格。

这种树状结构的另一次小规模应用，是 1988 年在苏黎世的堡尚茨利（Bauschanzli）户外餐厅的可变透明顶棚。这次卡拉特拉瓦要让这棵树动起来。这间餐厅在一个小岛上，附近有一座中世纪城堡，卡拉特拉瓦要在真实的树中插入一些金属杆，金属杆也像多伦多的 BCE Place 那样逐级分叉，在 12 米高的顶部，由极细的金属杆支撑起玻璃方格。这个顶部的金属杆由铰链连接，可以像雨伞那样折叠。在下雨的时候，雨滴洒下，这些“树枝”仿佛如沐春雨，张开枝丫，连成一片“茂密”的树林，为顾客提供庇护。而在阳光出来的时候，顶部就可以收纳起来，将阳光引至树下坐着的顾客身上。

在《圣地亚哥·卡拉特拉瓦：运动的诗篇》中，佐尼斯说“这种屋顶模糊了结构和建筑之间的界限”。对我们来说，这似乎也模

加拿大多伦多的“BCE Place”内部结构（图：Wanda Gould）

糊了结构与自然生物之间的界限。但实际上，卡拉特拉瓦对此有着清晰的认识，他要向人、动物、植物索要的，是它们的构成结构中能令建筑显得富有生机的元素。他说：“如果研究一朵花，研究的结果不是一个花状的建筑。我们要得到的是一个作品，这个作品包括花的结构和活动规律，而不是只取它的外形。原因很明显，建筑作品不是一朵花。”

结构：力与运动

不论是模仿什么，作为一个建筑结构体，首先要完成建筑的基本使命：它需要稳定，并且有能力抵抗使建筑瓦解的力量。因为在历史中，运动通常被视作建筑结构或造型艺术的敌人。摇摆的、曲线的结构会引发视觉上的恐慌，让人感觉建筑体会坍塌或倾覆。在传统的结构中，设计师都努力将稳定性摆在至高无上的位置。但在卡拉特拉瓦看来，在建筑结构中，稳定实际上包含了一种辩证法。

在麻省理工大学做讲座的时候，卡拉特拉瓦带着两个自己制作的力学玩具。玩具构件不同，但它们都有同样的目的——悬挂一个小石块，以抵抗地心引力。卡拉特拉瓦认为“重量或是持续引力是大自然的馈赠”。在这两个小玩具中，如果其中任何一个构件被破坏，石块就会落下，整个力学支撑系统就会崩溃。他说：“石块落下时

卡拉特拉瓦在麻省理工大学讲座时演示力学结构的木制小玩具

另一种力学玩具

西班牙塞维利亚的阿拉米罗大桥（图：Andrew Dunn）

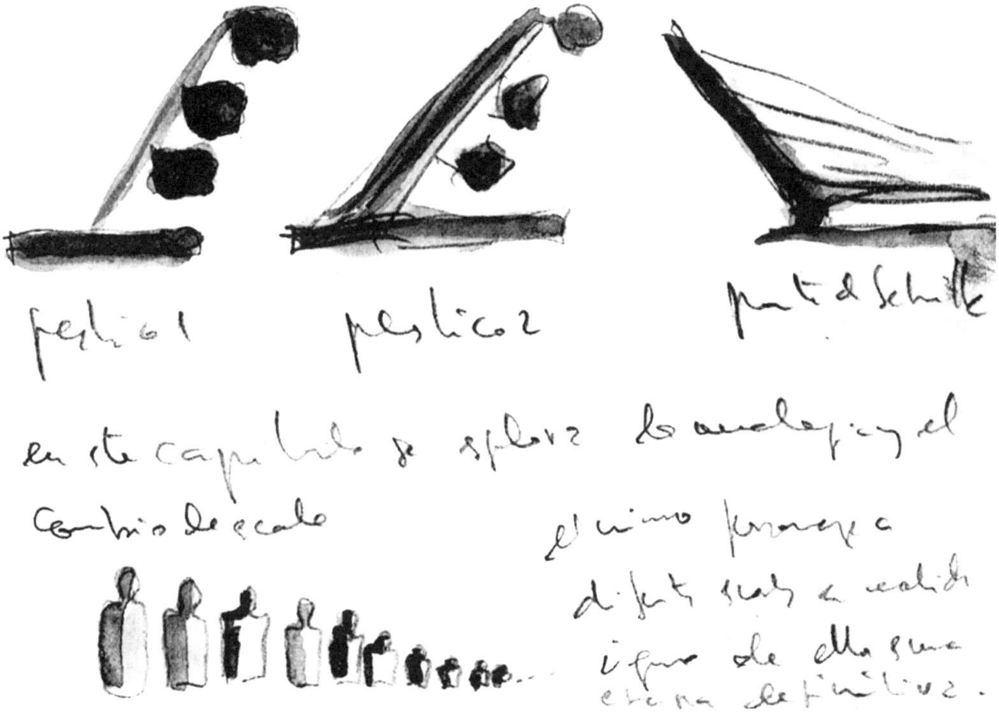

阿拉米罗大桥的设计草图

形成了一种运动，整个系统的静力结构都与形成这种运动的趋势相关。在我看来，即使在静态的受力结构和非常稳定的体系中，也隐含着运动的趋势。正是通过运动的存在，使我们产生了力与形式的概念。”

这一动一静的概念，那稳定结构中“力”的游走，是卡拉特拉瓦那些有跃动态势的复杂结构的另一个关键基因。在卡拉特拉瓦设计的桥梁中，这种“力感”最为显著。他认为，如果将桥梁看作整个人体，那么静力学状态就是它的心脏，关键在于如何解决“力在两个堤岸之间进行传递的问题”。

卡拉特拉瓦亲自主持的第一座桥梁是位于西班牙塞维利亚的阿拉米罗大桥（Alamillo Bridge）。当时，为了1992年西班牙的塞维利亚世界博览会，卡拉特拉瓦为当地设计了两座形状对称的桥梁，跨越在两条河道的交汇口处。这是两座斜拉桥的设计。通常，斜拉桥中间的塔墩高高耸立，从塔墩两侧伸出悬索拉住桥面，一侧悬索的拉力必须由另一侧平衡。但卡拉特拉瓦把混凝土浇灌的钢制塔墩设计成倾斜的，经过计算，使拉着桥面的13对跨度为200米的悬索拉力，被倾斜58度的塔墩自重抵消。卡拉特拉瓦依靠这种形态，创造了一种新型拉索桥。

尽管整个建筑给人一种不稳固，塔墩要向下坠落的感觉，但那如竖琴弦般的斜索如同一种神力的化身，与桥面、塔墩形成一个巨

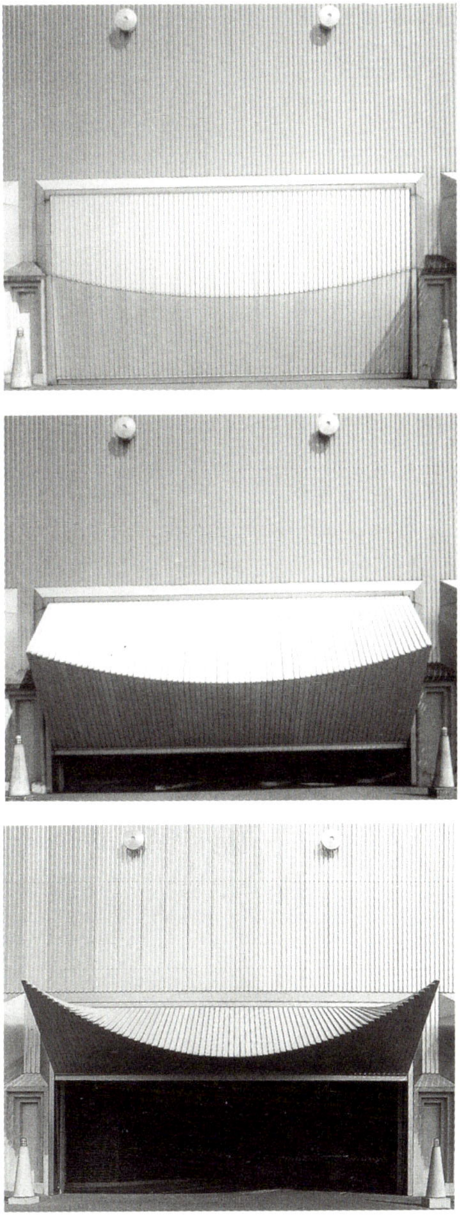

厄恩斯廷工厂仓库项目中，卡拉特拉瓦特别设计的如嘴一般张合的门

大三角形，指向天空，成为充满力量和跃动姿态的组合。

因为种种原因，卡拉特拉瓦没有能够完成两座互成镜像的桥梁，最终只有阿拉米罗大桥设计完成。而这个含着坠落趋势却又倔强地向往天空的桥梁，因其不对称而产生了一种未完成感。它为凝视桥梁的人带来一种哲学思虑：它的状态好像正处于筑造中，又仿佛即将解体，它“有效暗示了这些结构的状态、变化以及它们的存在和消亡”。也就是说，卡拉特拉瓦让人看到了那些矗立在大地上的“凝固体”体内涌动的“力的血液”。

为了研究运动形态，卡拉特拉瓦从杂技演员与舞蹈家的表演中总结运动的意义，这些人的每一次跃动，都是对地心引力的挑战，他在变化的世界中捕捉动感的形态。亚历山大·佐尼斯在他的《圣地亚哥·卡拉特拉瓦：当代建筑艺术的诗篇》一文中说：“不容置疑，传统意义上的结构设计师都努力表达、强调并赞美稳定性。然而，在实际生活中，建筑结构的运动是基本事实，建筑结构从来没有静止过，尽管它们表面看上去是不能动的。我们越观察越意识到建筑结构是在不停地运动，它们不仅自己会动，而且无疑地构成了人或事物运动的场所及通道，建筑物内无不充满着运动。”

人在建筑中的运动，也是卡拉特拉瓦的复杂结构要导向的另一个设计维度。建筑是以人为尺度的，真的要“活”起来，就必须考量人类使用建筑时的运动，否则，一切奇崛的形式都将是失败的。

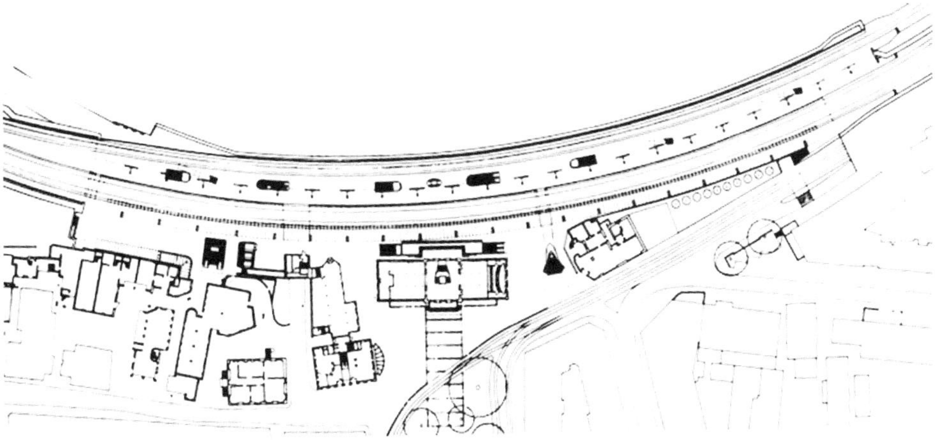

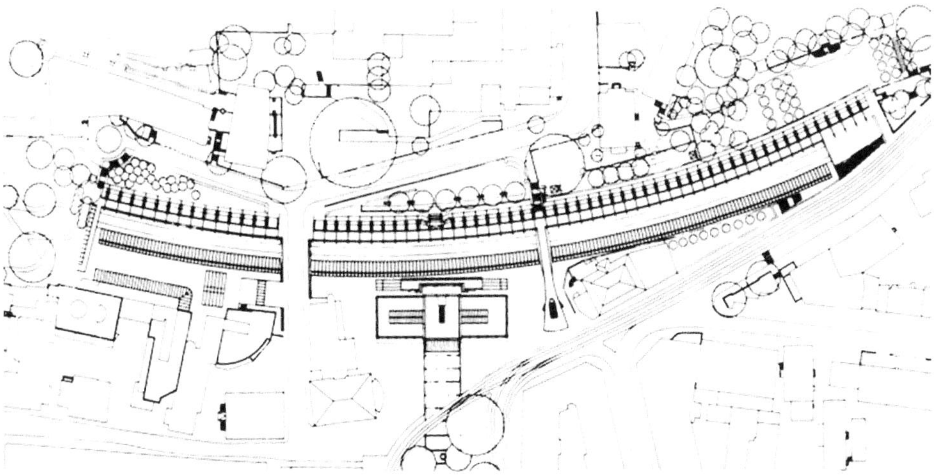

斯塔德霍芬火车站的平面图，各种建筑物与地形构成了密密麻麻的车站“毛细血管网”

提到德国的厄恩斯廷工厂仓库项目时，卡拉特拉瓦为我们描述了一幅十分魔幻的场景："从一开始，这栋建筑就好像天外来物，我们必须使它富于生机。西立面与东立面几乎完全一样，只是日落与日出的差别，这里同样用大面积的铝板解决了立面的形式，它们与三扇每日通行运货的卡车的大门结合在一起。这里有非常多的货车，许多停在门边等候，当大门开启时，货车开始穿梭，如果你在建筑或其他的角度上瞭望大门时，建筑仿佛化作了一条巨鲸。当车流攒动时，就仿佛约拿的故事或圣一埃克苏佩里的巨蛇和大象一样，进行着吞咽的场面。"在设计的时候，卡拉特拉瓦真的在草图上画出一条鲸鱼来表示这种运动。

这正如维也纳应用艺术大学

纽约世贸中心枢纽车站内部结构（图：纽约大都会运输署）

建筑历史与理论教授利安 · 勒法维尔（Liane Lefaivre）所说：“卡拉特拉瓦用最工业化的语汇，在最严肃的场面中实现着超现实主义的想法。”

在前文介绍斯塔德霍芬火车站时，我们介绍了卡拉特拉瓦如何将仿生应用于车站的柱子设计上。但实际上，卡拉特拉瓦也将整座车站看成涌动着血液的人体。想象一下，我们的血液在动脉、静脉以及数不清的毛细血管中奔涌的忙碌景象，从这座车站的剖面图看过去，你会发现它结合了多种运动形式与交通功能。火车在二层往来，而忙碌的人流通过楼梯与电梯穿梭在三层空间中，轨道之下，有地下商场与上层空间实现立交。火车站的最顶部，有三座步行桥，在那里，就像湍急的河水冲入小溪，变得缓慢，那些需要长时间等待列车的人们，可以在这里漫步，并可以由此进入通往山峦的道路，使整个火车站与环境融合起来。

回到文章最初说到的那座建在“9 · 11”恐怖袭击废墟上的巨鸟车站。时间退回项目设计方案刚出炉的2004年，《纽约时报》（*The New York Times*）的建筑评论家说：“卡拉特拉瓦为世贸中心枢纽车站所做的设计，会令一些人满意，这些人相信，在遗址废墟上设计的建筑必须有一种对精神维度的渴求。多年以来，许多人在卡拉特拉瓦先生的建筑中领悟到了形而上学的元素。我希望纽约客们也能嗅到它的存在。我祝贺港务局指派卡拉特拉瓦先生——这位伟大的西班牙建筑师与工程师——去设计一座带有改变纽约未来力量的建筑。”

在车站刚开放时，媒体对市民们进行了采访，一位居住在纽约布鲁克林的43岁市民说：“看到这建筑，就仿佛看到天使张开翅膀，将那些昔日的亡灵托向天际。”

内

inside

我的七张画

陈丹青

中信美术馆于2016年8月策划出版了画册《西藏组画记事》，集纳了陈丹青“西藏组画”系列作品，这是这些作品首次在国内以高清大图的形式集中出版。

陈丹青，1953年生于上海，是当代颇具影响力的艺术家、作家、文艺评论家、学者。1980年，其创作的《西藏组画》轰动中外艺术界，被公认为具有划时代意义的经典之作。

画册为亚麻布面精装，选用大8开的开本。这样的大册子，使你能看得清画作里那些人物脸上的情绪，如何在他们皮肤的纹路里游走。

陈丹青先生亲自为画册题写书名，审阅校订了每一处细节。画册里完整收录了画家本人所写关于“西藏组画”系列作品的文字，尤其是在《美术》《美术研究》《中国美术》上发表的三篇文章，对读者理解陈先生的这些作品很有帮助。

《班门》编辑部与中信美术馆联系，获得允许，特别摘出画册中《我的七张画》一文与读者共享。这篇文章曾发表于《美术研究》1981年第1期，是陈先生对自己七幅写生的总结，虽然是三十多年前的思考，但今天读来，仍是新鲜而敏锐的。

我们还选了一些陈先生当年的写生日记，这些朴素的记事，将一个生动的习画者带到你面前。

我去西藏一共半年，《母与子》等六幅画是在拉萨完成的，回北京画了《牧羊人》。画已经展出了，不少人对我这样画法不太理解，我是这样想的：时风讲究创新，讲究民族化、现代化。搞的人一多，我反倒不想凑热闹。对自己要有个估量和了解，找到自己的素质和偏爱也许就找到了自己的长处。我学画循规蹈矩，天性缺乏浪漫的气质。我的敏锐只在直观和具体的事物中体现出来，在生活中我喜欢普通的细节，我内心充满往日在底层的种种印象，离开这些印象，我就缺乏想象。我偏爱这么几位画家：伦勃朗、柯罗、米勒、普拉斯托夫（我发现，一个画家的风格无论怎样独特，总和他偏爱的几个前人有千丝万缕的关系）。他们的名字就意味着对寻常生活和人伦情感的热爱，意味着朴厚、深沉、蕴藉而凝练的艺术手法，这正是我最神往的境界。我尽力模仿他们，并不觉得难为情。我面对西藏浑朴天然的人情风貌，很自然地选择了这些画家的油画语言。那种亲切与质朴，那种细腻的刻画，那种令人追恋的古风，我不能设想还有比这更合适的语言来传达我的感受。我知道这种追求在目前会显得背时，也知道难免会被人指为专事模仿，捡洋人的旧货。我顾不了那么多，艺术本来就无所谓新旧，何况史前时期的艺术也为现代画家所借鉴利用。我的选择和模仿也就不算什么了。事实上，纯粹的独创已经不大容易找到，两千年来，有多少种手法不曾被人使用过？我不如老老实实在艺术质量上多下功夫，只要感情真挚，语言尽量贴切，个人面貌也许少些，我勉强不得。有人说我用的是古典油画手法，我不能承认。我没有见过古典油画的原作，不过学上世纪欧洲画家的皮毛，画得稍仔细光滑一些。我对几次欧洲国家的画展中精巧的小画很有兴趣。我们看的大画不少了，所以我画出了篇幅小巧的这七张画。

《母与子》

我到拉萨不久就产生了好几个构思和草图，其中有《康巴汉子》《进城》（之一、之二）等。由于是根据记忆画的，显得单薄、空洞，草图出来了也就搁在一旁。七幅画里凡可以看看的，人物动态、模样都直接取用了速写。《母与子》就是无意中由几张速写触发灵感画成的，虽然起先没想画，但却是动手最早的一张。这些把孩子揣在衣襟里的牧女，当她们散坐在地上哺乳时显得特别美。其中一个牧女看去十分老实，她的长相很单纯，孩子的脑袋用力拱进她衣襟吮奶时，她呆呆的出神的面容给我印象很深。我想起许多一辈子辛辛苦苦的劳动妇女，人们喜欢把她们画得精力饱满，笑逐颜开，其实她们经常是疲倦的，默不作声的。感人之处也就在此。我反复画她和另一对母子，作品里正中和左侧袒肩的母亲都是画的这个女子。她们有一大伙人，就露宿在别人的帐篷外。当时没在我心里构成画

《母与子》

面，几天后翻看速写，那一伙人露宿的印象消失了，本子里只剩下那位妇女的几个正侧面形象和另一对母子，她们仿佛自己跑进我构思的镜框里来，什么都不用更动，我只要把三个母亲组合得自然一些就行。这七幅画的构图，我力求单纯、稳定，不过分强调空间透视，人物宁可摆得满一些，甚至单调、对称一些，不求参差交错的变化，不使有摆布、填补或故意切除画面的痕迹。我过去搞连环画、插图，包括油画，比较讲究构图的镜头感觉，使画面可以生动别致一些，接近现代的构图特点，但这回我的追求不同，因为如果那样处理，画面的和谐与朴素感就会受到损害。《母与子》是动手的第一张，处处都画得太紧张，太当心，但笔迹间却因此显得比较真挚。现在看还有点喜欢。

《母与子》以及后来的几幅画，许多同行看了，都以为是写生，觉得不是我的毕业创作。我说这就是毕业创作，他们还是不明白我画的什么意思。直到现在还有一种看法，认为这些画不能叫作创作。《母与子》是太像写生了，就用几张速写拼成了油画，然而，这正是我的追求。如果说伦勃朗的《夜巡》是创作，那么他的自画像是否就算习作？米开朗基罗的《大卫》、达·芬奇的《蒙娜丽莎》、委拉斯贵支的《伊索》、印象派画家的风景、夏尔丹的静物，是不是都得算习作或写生呢？我不知道古人有没有创作、习作之说，但他们每画一幅画都作为艺术作品来对待。绘画的使命本来就是描绘形象，诉说眼睛和心灵对自然的感应，所谓构思的概括、提炼，本不该说得那么复杂，这在艺术家只是一种选择而已。在无数的生活画面里，米勒既选择了晚祷，也选择了喂食，因为二者同样唤起了他的感情。如果指责《喂食》不如《晚钟》那样概括、提炼地揭示出了生活本质等等，而米勒也听从这一套的话，我们就看不到像孩子学步、撒尿等一系列无比亲切的作品了。艺术兜了一个大圈子，原来就可以去“画我眼睛看到的东西”，我这才悟到库尔贝在一百年前的宣言对绘画的影响是何等重要！既然我们这里推崇这些“现实主义”画家，既然他们的作品并不印证我们的理论，我也就不必为我的画是不是创作而烦恼了。而且，美术界的许多次展览和大量作品已经证明过去给“创作”划出的圈子不那么起作用了。

日记摘抄：

1980年3月3日：一口气勾出“三个少女”“三个母亲”“三个谈话的女人”素描草图。激动不已，这是从来没有过的自由，我终于学会像说话一样画画。3月26日：午后开始用古典方法画“三个母亲”。3月27日：画“三个母亲”，意思渐渐出来了。这应该算是我过去十年来第一张真正的创作吧！3月31日：画出“三个母亲”中左侧的赤膊女人。4月2日：继续画“三个母亲”，我觉得灵感和技巧一天比一天照顾我。4月4日：插队落户十周年……午后画那摊铜壶、铁锅和地面，费很大劲，不满意。4月6日：“三个母亲”将近完成，我得意地唱歌，照这样我至少可以带三张精致的画回去了。我好像从来没画过这么好看的，真正像一件作品的画。4月7日：重画了地面和铜壶。午睡。三时后继续画到七时，修改了毛毯和三个头部。来藏后第一张创作，慢慢地润色修改，是慎重而幸福的事。4月9日：午后画“三个母亲”，最后润色了一些细部，然后钉上墙，打算搁一搁，转入“进城的三个少女”了。

《进城》（之一）

这纯粹是擦肩而过的印象。结伴出行的姑娘看去经常是亲切有趣的，西藏的牧羊女上街喜欢一个拽一个的袖子，这就更有意思了。她们脸上未见世面的羞怯神色有一种本来的、单纯的魅力。她们都穿着简单缝制的羊皮袄，不像出嫁后的牧女有各种佩戴披挂，结果反而显得和她们的脸一样更本来，更单纯。这种面容在内地是不容易见到的，她们使我想起古代人脸上那种近乎原始，而又端庄、淳朴的美。她们来到拉萨又兴奋，又胆怯，但这种内心深处的活动，只能在面部刻画时稍作暗示，做到刚能看出就够了。人物刻画的笔墨和用心，我以为就在于宁可少一些，藏一些，一张过分有声有色的脸往往就把话说尽了。我注意到有的老练的演员并不轻易动用表情，他也许从头到尾都不肯笑一笑，观众的想象自会领会那没有演出来的戏。许多著名的肖像画看似呆板，却经得起揣摩玩味，有如品茶。牧羊少女的脸正具有这种很经看的魅力，促使我往内、往“呆板”里去画，可惜这并非易事，我画得太少太藏，结果反画得乏味了。前一向我看到报载关于含蓄问题的专题讨论，一种意见认为含蓄是表现手法之一，一种意见认为含蓄是艺术的基本规律之一。我不敢从理论上辨析这个问题，但却偏爱后一种意见。我们的画无论在色彩、用笔、刻画、表现主题方面，普遍有过火、太露、和盘托出而唯恐别人看不出来的毛病，讲一点含蓄是有好处的。《进城》（之一）的乏味，还因为我把背景画糟了，画得像布景那样呆板。这些宁静小街的墙和窗是富有表情的，我领会这表情，但由于画景的能力差，没能画出味来。

《进城》（之一）

《康巴汉子》

我想让人看看在遥远高原上有着如此强悍粗犷的生命。如果你见过康巴一带的牧人，你一定会感到那才叫真正的汉子。我每天在街上见到他们成群地站着，交换装饰品或出卖酥油。他们目光炯炯，前额厚实，盘起的发辫和垂挂的佩带走路时晃动着，沉甸甸的步伐勇武稳重，真是威风凛凛，让人羡慕，他们浑身上下都是绘画绝好的对象，我找到一个单刀直入的语言：他们站着，这就是一幅画。我在这幅画里，要不折不扣地画人才行，倘若有一个人物稍微单薄些，就没分量、没看场了。为此我天天在他们里边转，画了十多个头像和身姿的速写，多是在他们不知道的情况下画的。有些形象很生动，但不是每个都能放到我的画里去。我反复选择了很久，常常只好让一两个脑袋先空着，再上街去物色对象。至今我对这些形象还不满意，只有中间那个汉子自认还像那么一回事。我在他站立时的罗圈腿上，在他坦坦荡荡看着我的目光上，在他沉着而随便的微笑上看到某种典型的东西，那嘴角透出他异常强旺旷达的性格力量。我打定主意让他站在正中，有神的小眼睛就照我画他时那样看着我。这对眼睛如果张望着别处，那种通过目光震动我的个性魅力就会消散。不是吗？倘若一头狮子或一位猛士看你一眼的话，那一眼传过来的印象可是非同寻常的。我就力图把这目光注射到观众的心灵里

《康巴汉子》

去。他要比别人矮一些，这也是典型的。我在农村的长期生活中发现，真正厉害的有威望的民间人物，往往是矮小精壮的，有如一个攥紧的拳头。我在他身后的高大汉子手里放了一串佛珠。这个细节是真的，他们浑身是力量，但照样每天对着寺庙磕几百个头。我画《康巴汉子》是充满激情的，可我却并不怎么喜欢这幅画。我觉得还不够土，还缺点什么，但究竟缺什么，我说不上来。

日记摘抄：

1980 年 5 月 14 日：上午和根曲在冲赛康泡了两个多小时，又为我的“昌都汉子”找到一个好形象……来了一位援藏的河南美术家，在我恳请后对我的创作和草图提了一些意见。我听出来他不喜欢我的画。忽然我发现多么需要一个旁人对我的画说些什么。我是不是具有像柯罗说的那种“诚恳和自信”？至少我是诚恳的，我更希望自信。5 月 15 日：上午和根曲往冲赛康为“昌都汉子”收集服饰的细节。午后作“汉子”色稿。5 月 16 日：午睡。画“昌都汉子”。四点钟，收音机播放北京召开刘少奇追悼会。5 月 18 日：……画成“昌都汉子”两个头部。5 月 19 日：又画成“昌都汉子”两个头部。晚上勾出“洗头”和“接吻”的草图。5 月 22 日：画“昌都汉子”的衣服，一直画到八点。不行，颜色用得太黑。5 月 23 日：画“昌都汉子”，费很大的劲，色彩渐渐改观。5 月 24 日：画“昌都汉子”，完成最后一个形象：背影。总是这样，画到最后，技巧自由起来，不得不将前面的许多败笔抹掉重来。5月25日：继续画“昌都汉子”，背影完全了，拿到室外院子看，浓郁的效果让我吃惊。5月27日：上午购得《茶花女》，买鱼和青菜。下午再画“昌都汉子”至八时。连日有雨。5月28日：上午十时画“昌都汉子”至晚上八时。一幅画的结尾多么难，我得在结尾上花工夫！5月29日：十二时起画“昌都汉子”至晚上八时。基本完成了。

《洗发女》

七张画里我最不喜欢这张，曾经我很想撕了它。它多少有点“我也来画几个裸体”的味道。但这情形是街上看来的，丈夫给妻子浇水，颇有趣味。妻子的身体美极了，所以画了背还不算，把洗完后站着梳头的身影也画了进去。那天太阳很好，而我不善画外光，这就打了一半折扣。当场不好意思老看，也不敢画速写，裸体的部分画得很糟，光凭记忆看来是很不够的。

《洗发女》草图

《朝圣》

我并不是很早就想画《朝圣》这幅画的。像走路、哺乳那样平常的现象，艺术上倒是大可做文章的材料。但是，朝圣的场面太特殊，太少见，这反而使我为难起来。我一直在迟疑，有没有必要画这类事情，作为一件作品，我不满足就画那么几个磕头的动作了事。如果仅仅为了反映这种本世纪少有的宗教活动，纪录电影和新闻照片比绘画强得多，而照片对普通的生活反倒缺乏表现力。

我先是准备放一只羊在墙角，的确，常常有些老狗或羊混在朝圣的人群里，好像什么都晓得似的。但我感到还缺点什么。有一次我在一个朝圣者脚边看见一个躺倒的孩子，他身边扔满了大人脱下的靴子和什物，周围人来人往，他完全睡熟了。我想起我在农村的生活，乡下孩子们总是被扔在地边，忙碌的母亲没空管他们。他们就在地上哭、玩、睡，在地上爬到长大。我去年有了一个女儿，孩子歪斜着睡熟时，我喜欢长久看那可爱的模样。我不能设想把我的女儿放在大街上让她睡去，而来到拉萨朝圣的无数藏民，大多数都露宿在街头巷陌，太小的孩子，缚在母亲背后磕头，稍大一些的，就可以放在一边，再大些的孩子，就和大人一起磕头，我就认识这么一个小女孩，没有了父母，一个人徒步走到拉萨来朝圣。我心里顿然又听到了诉说生活和人道情感的语言，这语言是我尽量在其他

《朝圣》

每一幅画里都要说的。睡熟的孩子会把人们的思路重新拉回生活，而只有把他们不可名状的生活同这种狂热虔诚的举动联想到一起，我的画才具有了某种意蕴。我当晚画出了草图，第二天上了薄油稿。我暗下欣赏这个孩子的安排，但我却并不欣赏《朝圣》这幅画，它远没有画出拉萨成千上万的朝圣者给我的强烈感受。

有人要我谈谈怎样在这幅画里表现了对人民和生活的感情，对社会现象和民族命运的关注。倘要在这个命题上发挥，我也许真能写好几页，但这恰恰是我不愿意多说的东西。我只是靠作品说话，我希望人们注意作品，这是不言而喻的。我还觉得，一幅作品到了存心想让人看出作者在关心人民、表现生活时，反而不一定那么动人了，因为画中的生活已经变成一种塞过来的东西。如果观众能够不期而然地被作品的真实描写和人道感情所打动,感到“这就是生活，就是人”，那就是我最大的愿望了。

我也不希望别人随意解释我的意图和倾向。有人叫好，说我揭露并谴责了这种可怕的落后愚昧的现象。我的回答是否定的。我讨厌用绘画去揭露什么。有人说我对他们抱着深切的同情和怜悯，也未必。我不希望一幅画仅仅引起别人的同情，就像人们看灾情展览一样。然而我不能否认，包括我，谁都会对这种现象产生复杂而矛盾的心情。但这都不是我创作冲动的根本原因，我在四川也听说成千的百姓去拜佛，但我不会去画的。作为一个艺术家，我要强调一点，也希望别人注意到，那种场面决不仅仅是发人深思的，那是很美的，或者说简直是壮观的。这些争相匍匐在地的善良人们，他们不知道自己多么苦，也不知道自己多么美，这才是我要画他们的原因。至于看画，各人尽可有各人的感触和理解，那是另一回事。

《进城》（之二）

作品的主题不一定一言道尽，不能说得太清楚，这还不光是个含蓄的问题。我发现所有高乘的作品，特别是诗和绘画，都具有一种你一看就领会，就被打动，但却说不出来的魅力。比如莱勃尔的《不相称的婚姻》，你一看就明白过来了：它妙在那妻子画得并不愁愁戚戚，她和丈夫一样心满意足。这才叫深刻——但说不出来。米勒的《晚钟》和《拾穗者》有一种使人对生活恍然彻悟的力量，但你悟到些什么？说不出来。李商隐的《夜雨寄北》，归有光的《项脊轩志》，朱自清的《背影》，读来都有一番只可意会不可言传的境界。人有时常会被一棵树、一道地平线、一束光影、一张脸、一个往日最简单的记忆所打动，以至出神，以至沉思遐想，终久不忘，真有一种说不清的东西在作怪。我这回就很想去追求“说不出来”的情景，其他几幅终嫌浅薄，自认《进城》（之二）算是追求到了这么一点点。然而说追求，并不贴切，“说不出来”的意境往往并非出自匠心，

《进城》（之二）

而纯由自然中得来。上面说到的几篇诗文，既发自作者内心，又纯粹属于自然，那里描写的雨夜、秋池、故居、庭园、背影，都像自然那样无可争辩的真实，像生活本身那样耐人寻味。当然，没有艺术家敏锐的观察和心领神会，生活到底不能成为艺术。但这种观察和领会往往显得是无我的，无心的，直到作品出来了，还不甚了了。也许正因为这一点，生活中的许多小事既很容易被人忽略，又特别能打动人。

《进城》（之二）产生的过程就是这样，它虽是我在拉萨时就特别为这个印象打动，可当时我不但觉得这不能当作“创作”去画，而且由于太普通，太常见，我始终没有好好想想为什么四年来一直忘不了这个印象。小时候我看过一部墨西哥电影《珍珠》，片尾那对可怜的夫妇把珍珠扔回大海，抱着已经死去的孩子，在众人的目光下穿过大街。镜头长久地跟着他们，给我留下很深的印象。意大利片《偷自行车的人》，主角在片尾随人流走了很久，看着让人真难过。卓别林几乎每片都让观众目送他走远，他深知这种手法的表现力。行走的人在平时看来是太普通了，但一进入画面或故事，的确会产生特殊的效果。许多影片字幕还没出来，劈头就来一个人的行走，虽然什么都没交代，但一下子就抓住了观众，确切地说，使观众立刻想进戏，想知道人物的命运。在片尾长时间拍行走则是为了对整出戏和人物命运的回顾和追怀，朱自清偏偏在父亲远去时才动了感情，也是这个缘故吧？现在我才明白，当一个牧羊女怀抱婴儿跟着丈夫走来时，在她怯生生的神色和紧拽丈夫衣袖的细节上，在这一家三口的动人关系上，我看到的不仅仅是一种近乎庄严的美。他们进城来了，仿佛拉开了一道序幕，我其实是跟随这对夫妇走进了他们的整个生活和精神世界。现代电影经常把行走镜头突然停住，变成静止画面，这类手法如果用得精彩，好比在观众的情感和想象中画了一个惊叹号，使人感慨不已。我选择了夫妻进城的瞬间，说不清有没有受电影的启示。总之，简单平常的事物在艺术作品里会变得又丰富又奥妙，看来是因为引出人们太多的感触和联想，感想一多，自然就难以道尽了。不知我把意思说清楚没有，这真比画画还累，《进城》（之二）只用了三四个半天就完成了。

画完这幅画不久，我就回内地了。我觉得初来时的激情和强烈印象已逐渐消失。虽然我手边陆续又有了一些草图，但连续制作已很疲倦，加上感觉也麻木了，我决定不再画下去。我们不能离生活太远，也不能离生活太近。也许回到内地，西藏又在我心中美好起来了。久入鱼市，不闻鱼腥，所谓的那点生活气息常常是由于新鲜才显得特别浓郁。说到体验生活，我反对那种惯有的说教和机械实践。一个艺术家每时每刻都在生活，在体验，如果到了要“下去”的时候才“体验生活”，那简直是不可思议的。西藏对我们来说比较陌生，需要一番了解，但我相信但凡天下有人的地方我都是熟悉的，因为我们并不是目前有些外国人还在讨论存在不存在的那种"天外来客"。还有，生活之于艺术家和普通人是不一样的；对生活的熟悉程度和艺术质量不一定成正比。对艺术家来说，要紧的不是看你熟悉多少生活，而在你笔杆子里能拿出多少生活。对北京再熟悉的人不会个个成为老舍，如果把一个艺术家的劳动统统强调成是熟悉生活，不提艺术规律，不提技巧修养，那就只会损害甚至失去艺术。

《牧羊人》

这也是在街上看来的情形。有趣的是这一对男女并不年轻了。我弄不清他们是不是夫妇，女的并不好看，她一再用脚绊住那个男的，等他停下后，她就靠到墙上去，然后把男的拉向自己。我在前六幅中老是画墙，就把背景换成草原。荒凉草原上这对穷人的接吻也有一番诗意。热恋中的女子为什么非得又年轻又漂亮呢？这些"笨重"灵魂的美好爱情实在比公园里的恋人更打动我。我不知道牧人们的爱情在草原上是否老像一些画中的那样：男的吹着笛子，女的含羞而坐，假如真有那么文雅，我更喜欢这种粗鲁可爱的举动。想一想这些牧人们近乎原始的生活，他们豪放嘹亮的歌声常常使我流下泪来。

我画到这一幅才让我的人物笑了一下。我偶尔会想到别的一些描绘西藏的图画，也许那里画了太多的笑脸，我就不愿重复了。我

《牧羊人》

让接吻的牧羊女笑，因为这种笑引出我的泪水。但我没有一味伤感，有人说我用沉重的心情描绘朝圣者，可我却在少女露出的肚脐和那只一本正经的羊身上看到可笑的地方，我没让进城的少女笑，但并不因此说明她们心里不高兴，哺乳的母亲也没有笑，那是她们没有工夫笑。我的意思是说，我们不要简单地对待艺术和现实生活，一连串欢笑的脸并不等于光明美好的幸福生活；描写沉默阴郁的面容也并不意味着要暴露黑暗。丑化和美化一样不真诚，至于创作要“说真话”，我以为不一定解决问题，因为真话本身并没有质量，许多虚伪的作品，有的作者心里知道是假的，有的作者却完全出于真心，还有的人喜欢每说一通话后面就加上一句“真的”，叫人反而不知到底是真是假，艺术的真伪和态度的真伪一样，能够听出、看出、感觉出的，一个真正真诚的人也许并不曾想到自己是真诚的，正如慷慨的人从不自夸慷慨一样。

我注意到七幅画的色彩没有任何区别。这一方面反映了我缺乏色彩手段和训练，另一方面也体现了我的打算：多注意自己和别人之间的色彩区别；注意这一阶段和下一阶段色彩处理的区别；注意不同区域和民族的色彩区别（如北方和南方，汉族和藏族）。七幅画七个调子也许是美的，但在气氛和个性、面貌方面会缺乏统一与和谐。另外，我觉得色彩不是彩色，色彩要有个性。色彩丰富美，色彩单纯也美。关于用笔，我过去和许多青年一样，以为用笔就是用力地往画上摆，看出一笔笔痕迹和厚厚的颜料，才叫见笔。看了一些好的油画原作，才知道也有人用笔是把力气、把刻画藏进去的，不一定非要大刀阔斧，与其说他们是在塑造，不如说是“写”，写得很中肯，很实在，又很圆润，丝毫不在表面上弄刀斧。我自然就想试着学学，不过学得很拙劣。

画完成后，我像局外人似的审视了一番，一度很懊丧。我在日记里写：“听了一些不带伴奏也没歌词的牧歌，顿时感到远没有画出那股藏味。心里念着是毕业创作，要参加展览，多少有点急功近利，贪多求快。尽管画得仔细，但明眼人能看出这只是浮面的工细，骨子里还是仓促而就，没在情境人物上深掘过，架不住细看。我虽厌恶别人处处显示某种追求，很想背道而驰，结果也不免落入另一种刻意追求的陷阱，作品还是不自然。我追慕古风，而古风的美恰在自然，我的驾驭能力，我的技巧、色彩，都远远不能达到这种坚实画风的要求，所以作品在我面前显得苍白无力。”我期待着同行和观众的指教。

日记摘抄：

1980 年 7 月 5 日：油画创作就此告一段落。六张完成的创作全都钉在墙上。现在我终于可以像局外人那样观察它们。我在画出它们时无论如何有过得意的时刻，现在我不得不承认我还是失败了。开初我多少有点想一鸣惊人，这就糟了，真挚因此失去一半。急功近利，使我贪多、赶制，尽管画得仔细，但明眼人可以看出是浮面的工细，骨子里仓促而就，并没有在人物情境上深掘，这就决定这些画是表面的，经不起看。其次，我虽讨厌别人处处来显示某种追求，想和他们背道走走看，结果正因为这样，也落入显示另一种刻意追求的陷阱，作品显得不自然。我追求古典风格，古典美恰在自然。再就是我深知古典作风最需要过硬的技巧，我的驾驭能力，我的色彩，都远远不能胜任这种坚实风格的形成。现在这六张画在我面前显得苍白无力，与我最先想象的并自以为能够达到的效果，完全是两回事。

铁

iron

埃菲尔与他的巴黎铁塔

小小铁匠铺的大理想

何意百炼钢，化为绕指柔

甲胄：铁与火的时空

铁

iron

埃菲尔与他的巴黎铁塔

徐晓冬

1884 年 11 月 8 日，法国议会下院做出决定：1889 年 5 月 3 日至 11 月 6 日，为了庆祝法国大革命胜利 100 周年，巴黎将再次举办世界博览会。同时，为了彰显法国的工业创造能力，法国政府决定建造一座全世界最高的通天塔，并向全球公开征集设计方案。

看到这里，你一定猜出这篇文章是关于埃菲尔铁塔的。不错，就是那座闻名世界的巴黎铁塔。看过诸多关于 1889 年巴黎世界博览会的中文资料，基本上能得出这样的结论：埃菲尔铁塔是因世博会诞生的，部分文章说是为第四届巴黎世博会建造的，也有不少文章说是第三届。大部分文章说 300 米高的铁塔是埃菲尔设计的，高度是经过精心计算的，也有少数资料不这样认为。《文史参考》杂志的一篇文章《埃菲尔铁塔：解放的普罗米修斯》比较详细地描述了铁塔建成300米的依据，文章说："埃菲尔的计算极为精确，铁塔高300米，因为只有达到这个高度，才能超出巴黎当时伟大传统建筑高度的总和：巴黎圣母院68米，巴黎歌剧院54米，圣雅克塔52米，凯旋门49米，七月纪念柱47米，古埃及方尖碑27米，它们加起来的总和为297米。"看到这里，我想你可能和我一样会产生两点疑问：1889年的世博会是第三届还是第四届？埃菲尔铁塔的300米高度，真的是由几座标志性建筑叠加起来的吗？

从维基百科上历届世博会举办时间与地点的列表中可以看出，1889年巴黎第四次举办世界博览会，1878年是第三次。

第二个疑问解答起来就不是很容易了。首先让我们从1878年巴黎世博会聊起，各位可以先仔细看看两张图。图1是展现了这一年世博会盛景的鸟瞰图，图2是对应的平面图。画面中的长河是塞纳河，河两岸的建筑是为这次世博会兴建的展览场馆，右侧平面呈弓弦形状的建筑是著名建筑师朱尔·布尔代（Jules Bourdais）设计的老夏悠宫（Palais de Chaillot），左侧的玻璃屋顶式建筑是仿造伦敦水晶宫建造的工业宫。

从图中我们可以看到，当时巴黎确实没有较高的建筑。在1884年之前，世界上最高的建筑，是约169米高的美国华盛顿纪念碑（Washington Monument）；第二高的是德国的科隆大教堂（Cologne Cathedral），约155.4米高；第三是英国圣保罗大教堂（ St.Paul' s

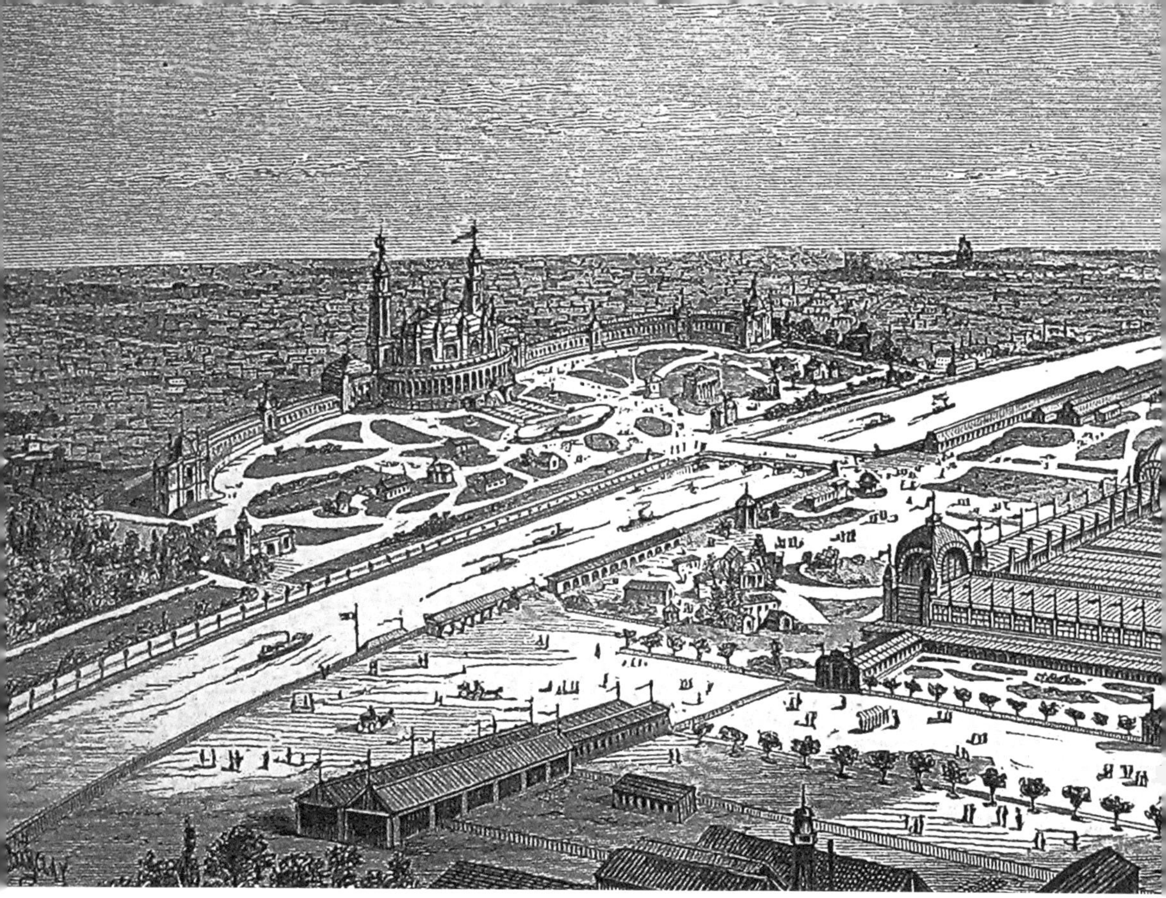

图 1 – 1878 年巴黎世博会全景图

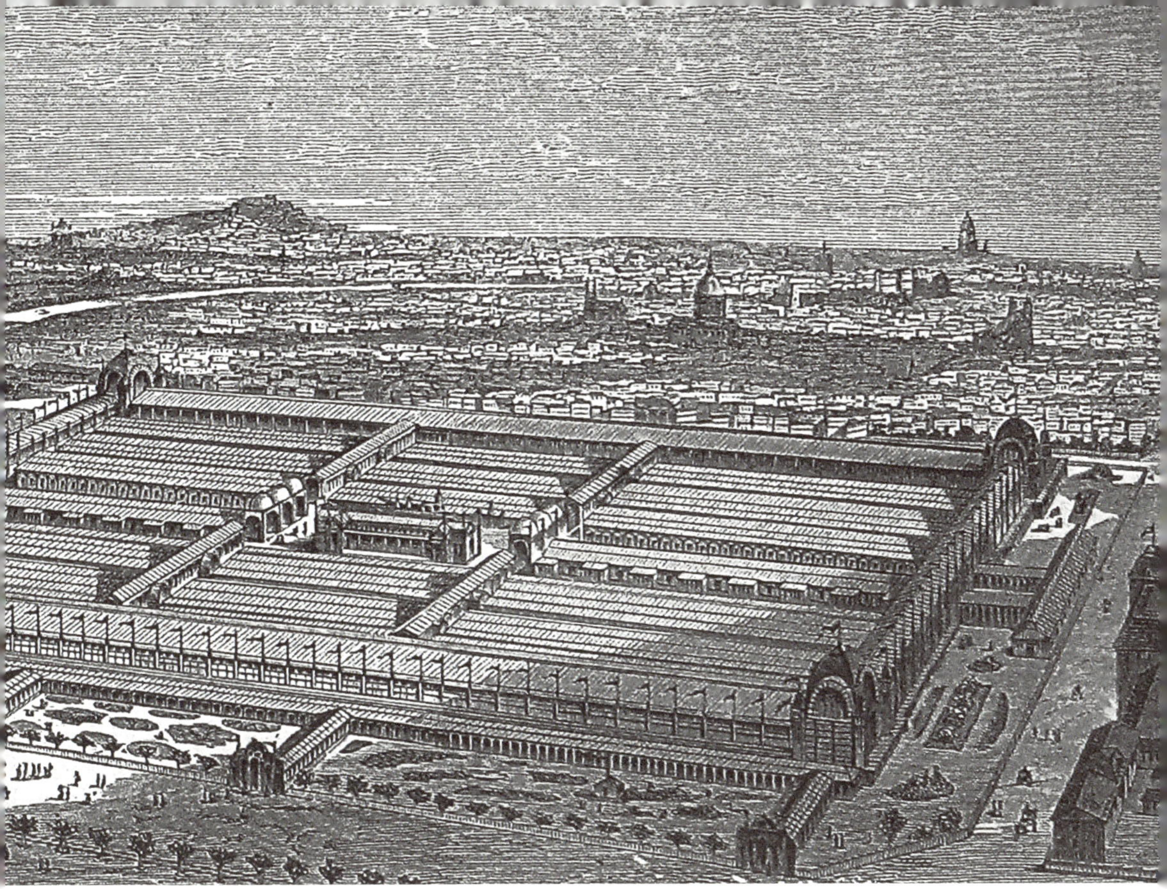

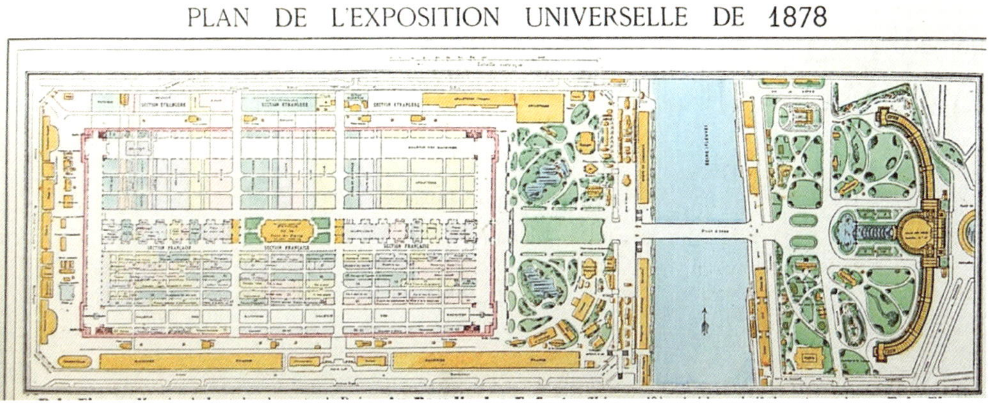

图 2 – 1878 年巴黎世博会平面图

Cathedral），约 154.8 米高。

在当时，各国通天塔几乎都是砖石或木结构的建筑。其中有我国南京的报恩寺塔，大约 61 米高，只可惜因为一场浩劫，让这座四百多年的佛塔变为尘埃。各位可以仔细看看这张 1884 年高楼汇总图（见图 3），是不是可以想象出法国当局一定有挑战人类极限，建一座超过 169 米高塔的梦想呢？

没错，他们是有梦想，想建一座高度超过华盛顿纪念碑两倍的高塔，也就是超过 300 米。但从我查阅的资料来看，埃菲尔铁塔 300 米的高度，既不是法国政府的规定，也不是埃菲尔对几座高塔的精心计算。

世博会要建高塔的决定发布后不久，皮埃尔·吉法尔（Pierre Giffard）于 1885 年 1 月 7 日在《费加罗报》（*Le Figaro*）上发表了《再造巴别塔》（LeRé tablissement des Tours de Babel）一文。文章用大量篇幅介绍朱尔·布尔代的“太阳柱”方案（见图 4、图 5）。该方案中，下部是 300 米高、用花岗岩打造的塔身，上面是 55 米高的照明装置，有灯和抛物面的反射镜，设计大师希望塔顶的灯可以照亮巴黎的每一个角落，让人们晚上也可以看书。塔内还设计了 4 部电梯，可让观众很方便地登上塔顶。文章仅用几句话描写了埃菲尔提供的 300 米高的金字塔铁架方案，没有任何其他详细的描述。由此可见，《费加罗报》中报道的两个高塔方案都以 300 米为基础，应该不是偶然。

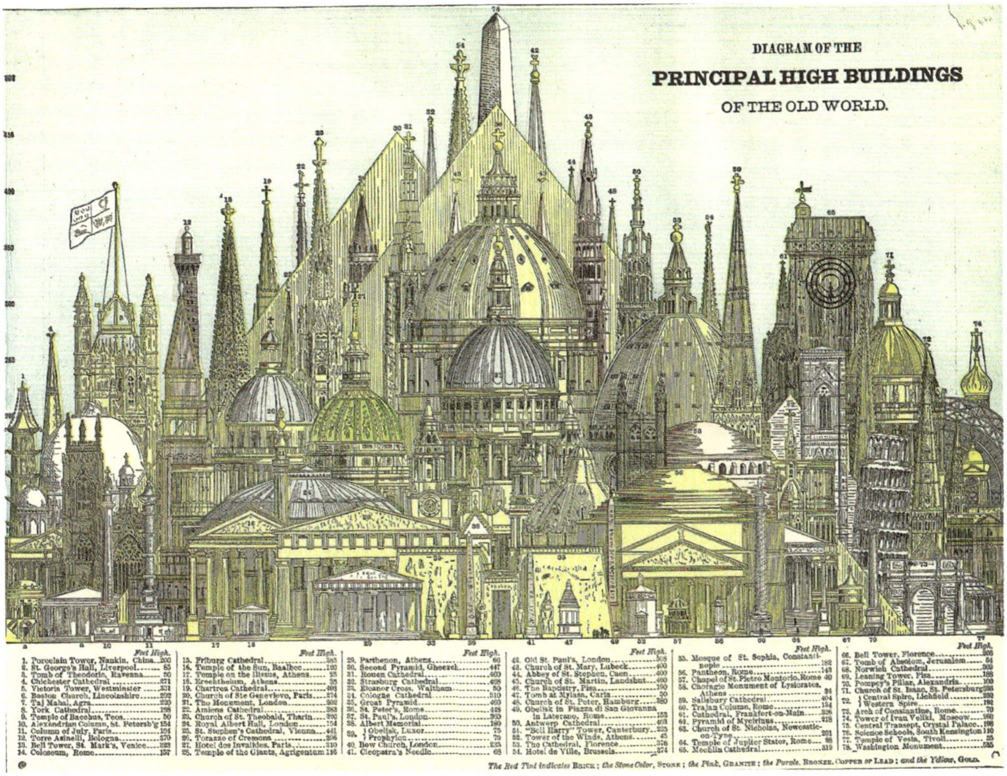

图 3 –John W. Iliff & Co 公司于 1891 年出版的《旧世界主要高层建筑图表》

LE FIGARO

Le Rétablissement des Tours...

DE BABEL

L'industrie aussi bien que la science marchent en avant, c'est un fait reconnu, avec la devise : *Quo non ascendam ?*

C'est pourquoi l'Exposition française de 1867 fit voir au monde des choses que n'avait pas connues celle de 1855, de même que 1878 éclipsa 1867. L'Exposition de 1889 semble devoir éteindre tous les flambeaux précédents. On en parle déjà comme d'une triple manifestation scientifico-politico-humanitaire.

A la vérité, nul ne sait encore ce qu'elle sera au juste, mais ce qu'il y a de certain, c'est que les esprits se remuent et que chacun travaille dans sa sphère en vue des « grandes assises ». C'est à qui formulera le projet le plus grandiose ou le plus « épatant ».

M. Eiffel, le grand constructeur de ponts en fer, a imaginé quelque chose « d'épatant », c'est la pyramide de 300 mètres échafaudée tout en fer, dont parlait hier même ici Jean de Paris. On peut dire de ce projet, s'il se réalisait, qu'il réaliserait l'apothéose de la serrurerie.

M. Bourdais, qui construisit en 1878 le palais du Trocadéro, vient de met-

un peu éloignés, où l'agglomération des toits intercepterait la lumière venant directement de la tour, l'architecte compte employer une série de miroirs paraboliques qui seront placés sur divers points élevés de Paris, et qui restitueront aux rues la lumière qu'ils recevront de la tour-soleil-lune-phare monstre, comme vous voudrez l'appeler. M. Bourdais et un de ses amis, M. Sébillot, ingénieur-électricien ont pris un brevet pour l'emploi des miroirs paraboliques en matière d'éclairage public, le 6 mai 1882.

Je passe tous les détails techniques, beaucoup de détails pittoresques ; mais si cette tour de Babel se construit, on aura bien souvent l'occasion d'en reparler.

Verrons-nous cela?... Beaucoup de mes lecteurs vont hocher la tête. Pourquoi pas, puisque tout arrive... dans le monde étourdissant de la science particulièrement?

En tous cas, M. Bourdais va soumettre son colossal projet au comité général de l'Exposition Universelle. Qui vivra verra.

J'oublials de dire que l'emplacement rêvé par M. Bourdais pour son phare monstre serait le Pont-Neuf ou le Carrousel, qui sont au centre de Paris, mais qu'il s'arrangera pour rayonner d'un autre endroit quelconque avoisinant les Champs-Elysées.

Pierre Giffard.

图4 - 《费加罗报》的文章《再造巴别塔》

图5 - 朱尔·布尔代的「太阳柱」方案草图

在《罗兰·巴尔特文集：埃菲尔铁塔》一书中，罗兰·巴尔特（Roland Barthes）写道："为了一百周年庆典举办一个博览会，并同时证明1870年巴黎公社失败之后国家正在复兴之中。为了支持这一观点和激发想象力，人们那时重新谈起，但还不是很相信，一个半世纪以来散布的念头：有关建立300多米的高塔作为博览会节目精华部分的计划（美国工程师克拉克和里维斯为费城博览会建造的300米高塔的计划尚未完成）。"

沿着上述提到的克拉克和里维斯的线索，也许会找到塔高300米的出处，也可能会进一步了解欧美人"再造巴别塔"的梦想。从收集到的资料来看，第一个提出建造钢铁通天塔梦想的是英国人，一位制造了世界上第一台蒸汽机车的发明天才理查德·特里维希克（Richard Trevithick）。这位天才1831年就开始了自己的高塔设计，并于1832年向英国媒体公布了设计方案：300米高，底部直径约30.5米、顶部约3.7米、壁厚约5.1厘米的圆台形尖顶铁塔（见图6）。只可惜，提出方案的第二年，理查德·特里维希克就去世了。

1851年，英国建筑师查尔斯·伯顿（Charles Burton）在为移走英国伦敦海德公园水晶宫做设计方案时，提出了建造300米的摩天大楼方案。该方案被称作史上第一座摩天大楼方案，大楼平面核心筒呈八边形，由24根柱子支撑。（见图7、图8）

1874年，美国政府为了纪念美国独立100周年，并向世界展示

图6 －理查德 · 特里维希克的300米高塔设计草图

一个新型工业国家的崛起，证明美国已走出欧洲工业强国的阴影，首次申请并获得了世博会的举办权。在筹备世博会期间，工程师克拉克和里维斯也提出了建造约 300 米高的铁塔的方案。铁塔也是圆台形，底部直径约 45.7 米，顶部约 9.1 米。方案设计了 4 部电梯，5 分钟即可到达塔顶，每小时可运送 500 位观光者。只可惜，由于资金的问题，该设计没有被实施。（见图 9）

上面 3 个案例都是在埃菲尔铁塔建造前，铁塔设计的先驱们对通天塔梦想的实质性探索，目标都是 300 米。尽管努力的结果都停留于纸上谈兵，但是对巴黎市政府的招标者和埃菲尔应该都有一定的启发。因此，第二个疑问应该有答案了。

介绍完“通天铁塔”的设计史，让我们再沿着《罗兰·巴尔特文集：埃菲尔铁塔》的记载，继续挖掘埃菲尔铁塔诞生的故事，这本书的大事记中有一段描述：“1885 年 1 月老夏悠宫的设计者，著名建筑师朱尔·布尔代召开了会议，说明了自己的设计：300 米高的水泥塔，建筑在荣军医院前广场上，起名为‘太阳柱’，因为他借助设置在塔顶的光源和一个抛物线镜子系统，来照亮整个巴黎。3 月 30 日埃菲尔为自己的合作者提出了技术细节方案，此塔将用铁和钢材建立，重达 4800 吨（实际重量 7300 吨），造价估计为 315.5 万法郎（实际上数额高至此数额的两倍半），预计建筑时程达 26 个月。”（很多文章介绍埃菲尔的预算都很准确，只差几万法郎）

图 7 - 查尔斯·伯顿的约 305 米摩天大楼概念图

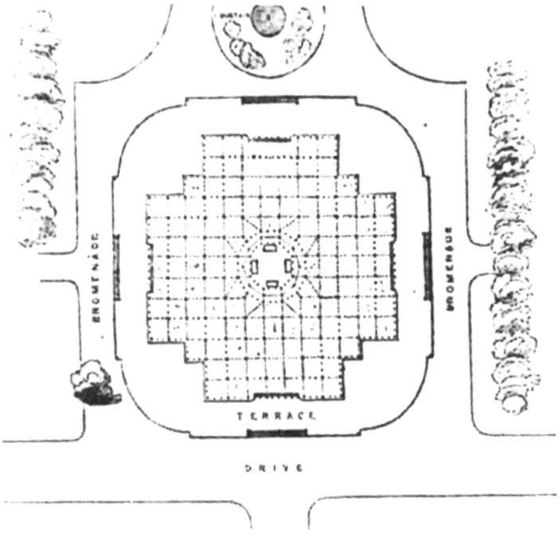

图 8 - 摩天大楼的平面设计草图

SCIENTIFIC AMERICAN

A WEEKLY JOURNAL OF PRACTICAL INFORMATION, ART, SCIENCE, MECHANICS, CHEMISTRY, AND MANUFACTURES

Vol. XXX.—No. 4. [NEW SERIES.] | NEW YORK, JANUARY 24, 1874. | $3 per Annum IN ADVANCE.

THE CENTENNIAL TOWER ONE THOUSAND FEET HIGH.—[See page 50.]

图9 — 克拉克与里维斯的铁塔设计概念图

看到这一段描述，我大概知道了为什么当年《费加罗报》对埃菲尔铁塔方案的介绍只是简短的一句话。布尔代的计划，显然更具吸引力。

如果你能耐下心来看到这里，可能会明白我如此深挖埃菲尔铁塔的创作过程的真实含义。要想了解埃菲尔铁塔，不仅仅要从1889年或1884年开始，而是要从1832年，甚至更早的工业革命的大时代背景开始；另一方面，如埃菲尔自己所说，铁塔“把我淹没了，好像我一生只是建造了她”。其实，铁塔何止埋没了他在桥梁方面的重大成就，也淹没了那些曾经为建造高塔费尽脑汁耕耘的发明家、工程师们。除了上述被埃菲尔名声淹没的工程师外，其实还埋没了与埃菲尔一道工作的两位工程师：瑞士的莫里斯·克什兰（Maurice Koechlin）和法国的艾美尔·楼吉尔（Emile Nougier）。按照Toureiffel.paris网站登载的《埃菲尔铁塔的起源和建造》（Origins and Construction of the Eiffel Tower）一文中“埃菲尔铁塔的设计”一节的介绍，工作在埃菲尔公司的这两位工程师是最早提出铁塔方案的人，这张草案图（见图10）是克什兰最早提出方案的草图。在那时，克什兰和楼吉尔是埃菲尔公司最主要的两位设计师，1884年6月，他们就设想了高塔的结构：4条钢架子腿支撑，中间有钢架横梁支撑并向上逐渐收缩到一起。由于该公司有多年制造钢结构桥梁的经验，特别熟悉钢支座、铰接等力学工作原理，所以大胆地设计

图 10 －莫里斯 · 克什兰与艾美尔 · 楼吉尔于 1884 年 6 月画出的第一份埃菲尔铁塔草图

了超过 300 米的高塔。同年 9 月 18 日，埃菲尔买断了两位设计师的方案，注册了超过 300 米高的钢架结构专利。

铁塔的初步方案完成后，为了能让大部分人接受，埃菲尔又请了建筑师斯蒂芬·苏伍斯特（Stephen Sauvestre）进行美化工作。苏伍斯特给铁塔加了石头材质和混凝土的基础，并在石头上刻上浮雕。各层设计了巨大的拱门和大厅，玻璃幕墙与大厅相接，顶部和周边增加了各种装饰和灯泡。最终该项目被简化，四个脚的石头基础和大拱门被保留，增加了铁塔的观赏性和艺术性。

从日期的顺序来看，埃菲尔公司对铁塔的设计想法在法国政府宣布召开世博会前就有了，到底是埃菲尔铁塔是为世博会而建，还是将已有方案营销给了法国政府？真实情况如何，我不敢妄加评论。有一种说法是，刚开始埃菲尔对铁塔方案不感冒，但也没有阻止他们设计。由于埃菲尔特别擅长将自己以前的作品进行包装，同时深知媒体的魔力，所以埃菲尔总是借任何机会宣传自己的桥梁和其他钢结构作品。也有一些资料披露，埃菲尔也擅长和政府官员打交道，与许多高官有着良好的朋友关系。

因此，我猜想从 1878 年世博会到 1889 年世博会，法国政府提出挑战人力极限、建造高塔的想法，与工业革命背景有关，与工程师们不断探索 300 米高塔的梦想有关，也可能与埃菲尔的宣传与营销有关。

写埃菲尔铁塔的诞生，除了工程师以外，还有一位重量级人物是绕不开的，他就是被媒体描述为幕后操纵铁塔中标的法国大臣爱德华·洛克鲁瓦（Edouard Lockroy）先生，这位大臣时任工商和贸易部长，后来被政府任命为世博会的总监。

部分资料披露了一些故事，认为埃菲尔与洛克鲁瓦的私交甚好，且洛克鲁瓦对铁塔的方案也情有独钟，所以才让埃菲尔如愿以偿。《发人深省的300米高塔项目》（La Tour de 300 mètres, un projet qui suscite laré flexion）一文中写道："巴黎政府由于受到埃菲尔团队的启发，准备组织一次设计竞赛，目标是建造一座300米高的金属塔。1886年5月1日（有很多文章认为是5月2日），爱德华·洛克鲁瓦在官方报纸上公布了竞赛条件：第一条，方案必须有挑战性，象征19世纪的技术成果；第二，必须申明自己的建筑师身份和国籍……第九，参赛者要充分论证在战神广场建造125米宽的方形基础、高300米铁塔的可能性。《竞赛设计》（*Design by Competition: Making Design Competition Work*）一书中也记载了1884年设计铁塔、申请专利过程，明确写出1886年5月1日洛克鲁瓦宣布竞赛条件是研究300米的铁塔形状、所建位置的可行性。还明确地写了一个细节：在宣布之前，他（洛克鲁瓦）就详细了解了埃菲尔的设计，他用竞赛方式增强埃菲尔方案的优势，竞赛规则要求仅仅给参赛者17天时间。最后参赛者共提交了107项设计方案（大部分文章说是700多项），结果只有埃菲尔的符合条件。

有资料说正是因为这次设计竞赛设置的条件明显地偏袒埃菲尔，而使法国人仰慕的大师朱尔·布尔代的方案被淘汰。由于19世纪后期法国的建筑风格依然是沿袭文艺复兴的新古典主义风格，所以布尔代的“太阳柱”方案受到很多人的热捧，而铁塔的反传统方案遭到很多人反对。

《罗兰·巴尔特文集：埃菲尔铁塔》中记载了埃菲尔竞赛获胜以后的协议内容：“1887年1月8日，洛克鲁瓦与巴黎市政厅正式任命的塞纳区长官尤金·普莱（Eugene Poullet）与埃菲尔签约，明确了建筑期限与财务条件，埃菲尔须建成300米高塔，并于1889年世界博览会开幕式前投入使用。他获得150万法郎的资助以及世博会期间铁塔使用监管权。条件是：游览票价为登至塔顶门票不得超过5法郎，参观第一层不超过2法郎（周日和假日分别为2法郎和1法郎）；在埃菲尔监管20年之后，铁塔使用权将移交巴黎市政厅。”（见图11）

但铁塔建设出师不利。尽管铁塔的协议签订了，1887年1月28日工地也破土动工了，但不久巴黎爆发出了一片抨击、谩骂和反对的声音。反对意见主要来自两个方面，一派是比较守旧的文学家、艺术家；另外一派是建筑大师和材料方面的专家。这些巴黎名流联合起来在1887年2月14日的《时代报》（*Le Temps*）上发表了《艺

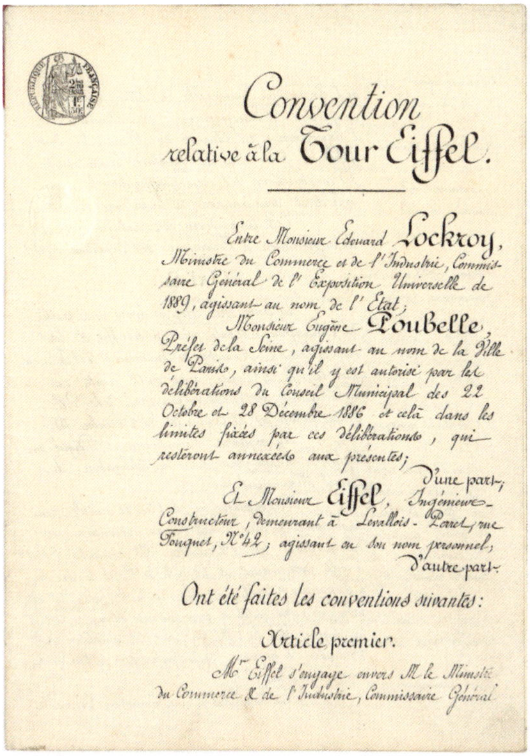

Convention
relative à la Tour Eiffel.

Entre Monsieur Edouard Lockroy,
Ministre du Commerce et de l'Industrie, Commissaire Général de l'Exposition Universelle de 1889, agissant au nom de l'Etat;
Monsieur Eugène Poubelle,
Préfet de la Seine, agissant au nom de la Ville de Paris, ainsi qu'il y est autorisé par les délibérations du Conseil Municipal des 22 Octobre et 28 Décembre 1886 et cela dans les limites fixées par ces délibérations, qui resteront annexées aux présentes;
d'une part,
Et Monsieur Eiffel, Ingénieur-Constructeur, demeurant à Levallois-Perret, rue Fouquet, N°42, agissant en son nom personnel,
d'autre part,
Ont été faites les conventions suivantes:

Article premier.

Mr Eiffel s'engage envers M. le Ministre du Commerce & de l'Industrie, Commissaire Général

图 11 －埃菲尔与政府签订的《300 米铁塔建设和运营协议》

术家的抗议书》，称埃菲尔铁塔是一个无用和丑陋的怪物。这些名人有古诺德、莫泊桑、左拉、小仲马、科佩、 勒孔特、波吕多莫、布格鲁、麦索尼、萨乐杜、克尔尼、布洛伊、魏尔兰、胡斯曼等300人之众，几乎囊括了当时法国艺术、建筑领域的头面人物。

抗议书写道：我们这些作家、雕塑家、建筑师、画家，以及一些热爱迄今为止尚未受损的巴黎美丽景观的人，现在，以备受轻蔑的法国美学之名义，并以受到威胁的法国艺术和历史的名义，对在首都中心建立无用的、可怕的埃菲尔铁塔，表达强烈、愤怒的抗议。巴黎城，难道将要与此稀奇古怪的风格，与一位机械设计师的粗俗而带商人气的想象，长久地联系在一起，以至于无可挽回地蒙受羞辱和变得丑陋吗？因为，连商业化的美国都不想要的埃菲尔铁塔，无疑将成为巴黎之耻。对此，人人觉察，人人议论，人人深受折磨，而我们的抗议只不过是如此自然地对饱受震惊的普遍意见之微弱回声而已。最后，当外国人来参访我们的展览会时，他们会惊异地说道："什么？法国人就是用这种可憎之物来使我们接受他们如此浮夸的趣味观念的吗？"他们有理由嘲笑我们，因为崇高的哥特式的巴黎、皮热、日耳曼－皮隆、让－高容、巴里等人的巴黎，将要变成埃菲尔先生的巴黎了。

开工之后，另一个重要的打击是地基在河边上，淤泥和地下水让铁塔无法立足。由于铁塔四只脚中的两个基础靠近塞纳河，地下水位高，工人按照常规的施工方法无法加固地基，必须追加预算，因此迫使项目不得不停工。

面对双重打击，埃菲尔作出了回应，他在第一时间接受了瑞典记者的采访，并回应说：“我个人认为这座塔会有她独特的美。难道大家认为，一个人是工程师，就不会以建筑物的美观与否为第一考量标准吗？或者只注重建筑物的坚固与持久，而不兼顾它的优美吗？”

由于埃菲尔在桥梁和地下基础方面有着丰富的经验，因此他提出了气压沉箱法施工方案（见图 12）并自行解决由此增加的预算，从而避开官员们因担心工人在地下 25 米深处施工的生命安全以及对预算增加不满而要求该工程下马的风险。在这里依然要提一提那位洛克鲁瓦先生。1887 年 3 月 1 日，在新闻媒体的参与下，洛克鲁瓦亲自沉入地下的“铁盒子”里，体验地下施工的操作环境，他的举动无疑又一次拯救了埃菲尔铁塔。

在这里我借用 1900 年巴黎世博会的全景图，展示第一座树立在地球上的 300 米高“巴别塔”的鸟瞰图（图 13）。从图中我们完全可以身临其境地感受到心灵的震撼。由于篇幅和精力有限，无法继续收集那些登上“通天塔”的人们对这座高塔是什么样态度。我想也不需要到处找这样的资料，巴黎政府没有按 20 年合约条款拆除她，她反而随着人们的热情变为世界性符号的事实，已经充分说明后人

图 12 – 气压沉箱法图示

对钢铁大厦时代到来的态度。

再造巴别塔的实践说明了一个不争的事实：巴黎之“巴别塔”无疑是告知世界“铁”和“高”登入了工程建设之堂，宣布了一个新建筑风格时代的到来。

尽管再造巴别塔的过程已经是130年前的事情了，但是对从事工程咨询行业的工程师而言，对秉持“匠心营造”精神的人们而言，这段历史依然有它的现实意义。就埃菲尔铁塔的合约条款而言，若再挖掘铁塔的投资、运营、收费、维护等等资料，有可能对我们当下如火如荼的“PPP模式”①带来有价值的借鉴；就铁塔的构思、研究、设计、专利而言，建筑师的创新与建造者投资与风险管控的关系，如何让两者在价值观上达成共识，让两者有机地合作，无疑为当下研究如何激励设计师与投资人提供了良好的素材；埃菲尔铁塔的50位设计师绘制了5300多张图纸，100位工人完成了18000多个钢构件的制作，132位工人完成拼装，在两年零一个半月（含五个月的地基处理）的工期内完成了铁塔的安装，俨然是一个活脱脱的“精致项目管理”和“装配式建筑”；若再挖掘建造铁塔的各个流程细节：铁塔如何分解为能让两个人和一头骡子就能搬动的18000多个构件，

① PPP模式是Public—Private—Partnership的缩写，指政府与私人组织之间为提供某种公共物品和服务，以特许权协议为基础，彼此之间形成一种伙伴式的合作关系，并通过签署合同来明确双方的权利和义务。

图 13 -1900 年巴黎世博会的全景图，
与图 1 对比来看，埃菲尔铁塔格外壮观

如何给这些构件编号，如何建立一套适合建造过程的安装标准、组装工序，如何进行吊装、调试，如何为20年的运营、维护服务，更重要的是如何为20年以后的拆除建立档案标准等等，把这些问题搞清楚，同样会为今天的BIM②提供借鉴。建筑信息模型是建筑学、工程学及土木工程的新工具，以建筑工程项目的各项相关信息数据作为模型的基础，进行建筑模型的建立。协同工作的协同模式带来有价值的经验，让“协同设计、协同建造、协同运营、协同维护”的团队合作方式更早地在我们身边实现。

重栽“巴别塔”这棵大树时，巴黎当局给了她20年的寿命，然而她却凭借着自身的魅力存活下来。之所以熬过了百年，我想她的魅力不仅仅有“铁”带来的新芽、新叶的装扮，还有几千年的“精神巴别塔”的粗大枝干和树根在滋养着她、保佑着她。

② BIM即建筑信息模型（Building Information Modeling）。

小小铁匠铺的大理想

蔡德全

1968年，我出生于云南省临沧地区的沧源佤族自治县，那是一个热带季风气候、充满了原始意味且偏僻至极的地方，记忆中，那里还有无处不在的佛音围绕在我们身边。

1991年，我从云南省艺术学院美术系毕业，开始了自己的艺术之旅。

从临沧到昆明，从昆明到北京，我画了多年的画，做了多年的雕塑，却一直感觉人生恍惚，作品无力。直至2012年，我尝试用艺术的方法去拯救即将消失的古老铁匠工艺。弃笔握锤，敲下铁砧的那一刻，我突然明白，我找到了人生的意义。

蔡德全在他的铁匠铺内

在打铁过程中，我提出了“朴实主义艺术”的概念，主张艺术创作就应该是思想和体力劳动的完美结合，那样才能创造出触动内心的好作品。现在我看到了艺术思想和打铁工艺结合并创作作品的可能性，我想，它正是我一直苦苦寻找的最佳艺术创作方式。

缘起：小小铁匠铺

2012年，我发起了一个名为“铁匠铺艺术拯救”的计划。不管是项目开始还是现在，一直都有很多人在问我为什么要发起这项计划，这项计划有什么重要意义。

我将借《班门》做个回答。首先，在谈到“铁匠铺艺术拯救”计划之前，我们必须先要了解一下我于2012年提出的“朴实主义艺术”概念。

朴实主义艺术提倡的是艺术家必须以身体力行的方式进行艺术创作，注重创作者对于材料和制作过程的亲身体验。艺术应该是思想和现实手作的完美结合，提倡结合传统手工技艺来实现艺术创意。朴实主义艺术讲求的是实实在在的做事态度，是脑力劳动和体力劳动合作的结果，它同时也提倡低碳环保的生活，平和低调的处事方式，讲求劳作的快乐，穿布衣种菜蔬，物品尽量重复利用，与民同乐。

朴实主义艺术对艺术家有什么意义呢？

“小小铁匠铺”的招牌

艺术创作应不仅局限于头脑思维的创作，而是一个整体创作，也就是说，把构思具体化，并最终完成作品实物的过程非常重要。我认为，有了好的想法，如果不是亲手做出来，都是对艺术的不尊重。自古以来，艺术与工匠的关系密不可分，工匠需要来自艺术家的创新，艺术家需要工匠们的精湛技艺来实现一些精巧的构想。但如果艺术家同时也能拥有工匠的技术，就更完美了。就像米开朗基罗一样，面对一块巨大的大理石原料，他用自己的双手和铁錾亲自把“大卫”从一块原石里解放出来，使之成为了一件永恒的作品。我认为米开

铁匠铺内打铁的区域

朗基罗不仅仅是艺术大师，同时亦是一位伟大的工匠。所以我想，只有通过艺术家的双手，结合各种工艺流程完成的作品才是完美的。

其次，朴实主义艺术对传统手工艺人有什么重要意义呢？

众所周知，中国古老的传统手工艺大都靠口口相传、代代相传和手把手教学的方式延续，大多数工匠都没有读过书，更没有工业、艺术设计以及变通的能力，只是一味沿袭老一辈人传下来的手艺和产品形式。此外，家传手艺密不外传、传男不传女等老旧思想仍然存在。

当时代发生巨变，社会环境被大机器生产碾压，传统手工艺人却一直沿袭实用主义的概念，与机器生产产品的概念基本等同，这样就必然产生人与机器博弈的结果：人类完败。现在，中国传统手工艺面临的问题非常严峻。第一，很多手工艺产品因为太小众，受众群体消失了。第二，很多手工艺产品虽然也有些实用价值，但销售却又遇到大问题，在机器生产的廉价产品面前不得不低头。第三，纯手工的产品做起来缓慢而复杂，需要工匠具有坚韧的毅力，不断地学习钻研才能做出精美的物品，这也与当下疯狂的快节奏社会背道而驰，很多人不愿拿出这样的时间和精力去完成一件精细的作品。

所以我相信，如果朴实主义艺术概念得到普及，将改变中国传统手工艺的生态，并且让中国传统手工艺得到保留和更大的发展。

我是2012年开始实施“铁匠铺艺术拯救计划”的，为什么要做这个计划呢？在做一名铁匠之前，我是一名画家。我在调查中发现，中国的传统铁匠铺正在以火箭般的速度消亡，如果不加以保护和拯救，不出十年，我们就看不到这门古老的手工艺了。所以对我来说，在当下做一个铁匠的意义，比做一名画家大很多，于是我义无反顾地开始了这个计划。我放弃艺术家式的夜猫子生活，过起了日出而作，日落而息的匠人日子。

当下商业社会的虚假、浮躁、混沌，令人们感到困惑。我想通过自己的千锤万打，回答自身内在的困惑与追问，开设“小小铁匠铺”，是对当代机器批量生产行为的批判。我更希望在艺术界及整个社会中传播这种一锤一锤敲打，精益求精造物的工匠精神，及其中蕴含着的修行态度。

我希望通过自己的探索和努力，把“小小铁匠铺”做成一个成功的榜样给年轻人看，希望他们知道：铁匠是一份有面子、受人尊敬的工作；打铁一定是能养家糊口的一门手艺；铁匠工艺一定是一种能够不断创新发展的手艺，是有延续性的。

总之，“铁匠铺艺术拯救”计划是朴实主义艺术的一场实践，至今四年了，是否能成功，我并不确定，现在只能说看到了些许希望，但拯救传统手工艺，我们已在路上。

一只钵的生命

我喜欢打铁这种实实在在的创作方式，我把自己的爱、恨、情、愁、记忆、惊喜、痛苦、历程都一锤一锤敲进器物中，敲打出的每个器物都像我的孩子，我赋予它们时间、汗水、疼痛、情绪，让它们有了温度与精神上的意义。所以在我看来，这些器物都是鲜活的、有灵性的东西。

正是一锤一锤的敲打，逐渐让我在精神层面也得到了升华。我也希望能够多打造一些跟个人情感跟信仰有关的器物，并通过它们

蔡德全打制的各类铁制生活器具

来解释世间的一切。

这几年的打铁过程中，我选择“钵”这个器物进行艺术创作。几千年以来，中国历代造钵皆以陶瓷、木材和金属等材质居多，纯手工锻打金属钵在历史上非常少见，这是一个空白，有艺术创作的空间。于是我逐渐将创作的主体指向了金属热锻“钵”。

打制钵的时候我努力思考，将冰冷的金属赋予自然主义、痕迹美学以及抽象艺术的内涵，并考量钵与农耕文化的关系，将四季、二十四节气及十二生肖等传统文化与钵结合，通过不断地敲打，让一块块冰冷的铁、铜或银变成一件件有血有肉的、具有精神意义的金属艺术品。我希望用这种方式，让古老的钵形器得到新的发展，努力创作一些钵的新形制来完善中国钵的体系。

而打造一只具有生命的钵，又使我的思考开始生长。钵亦是碗，而“饭碗”所代表的生计问题，是贯穿历史的，今天，“铁饭碗”的意义仍在不断消解、演化。此外，钵又是僧人所托的器物，一钵之量刚够一僧食用，他们化缘乞食，不积蓄，以戒绝贪念。打制铁钵，既是思考“铁饭碗”的过程，也是对中国信仰问题的探究。通过炉火高温烧制，再通过双手一锤、两锤以至千锤、万锤，修行般的敲打，是出于对宗教、对信仰的尊重，以此直面信仰缺失的问题，并同时通过行动去追求内心的平静与幸福。

立春

雨水

惊蛰

立夏

小满

芒种

立秋

处暑

白露

立冬

小雪

大雪

蔡德全《二十四节气钵》

春分

清明

谷雨

夏至

小暑

大暑

秋分

寒露

霜降

冬至

小寒

大寒

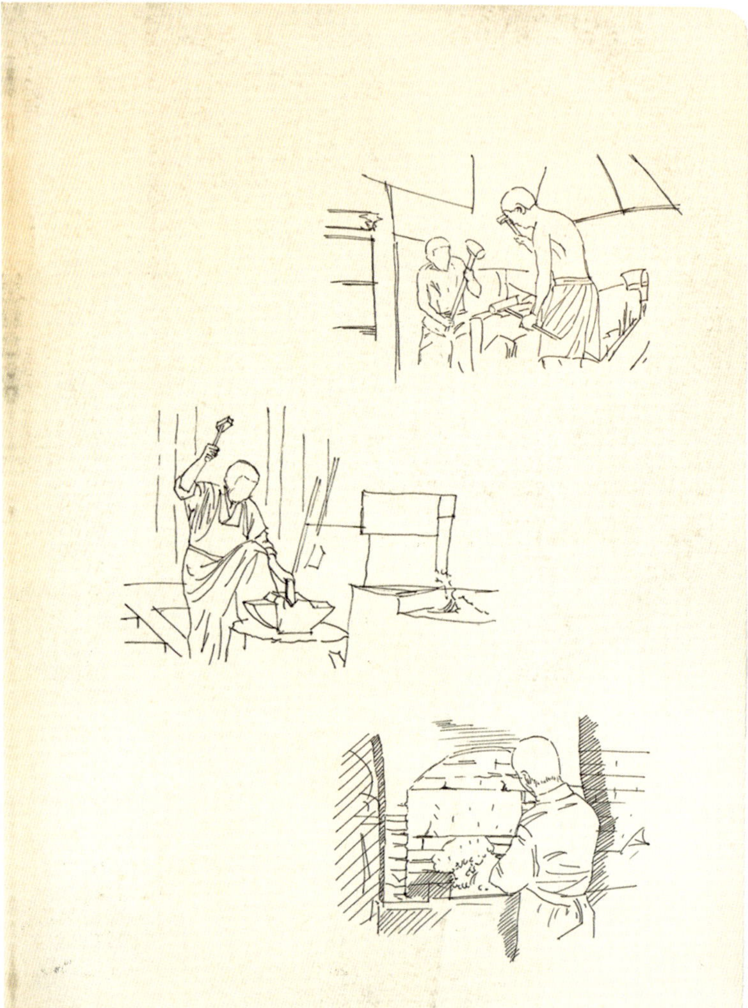

这几页“铁匠笔记”简单记录了打铁的重要流程

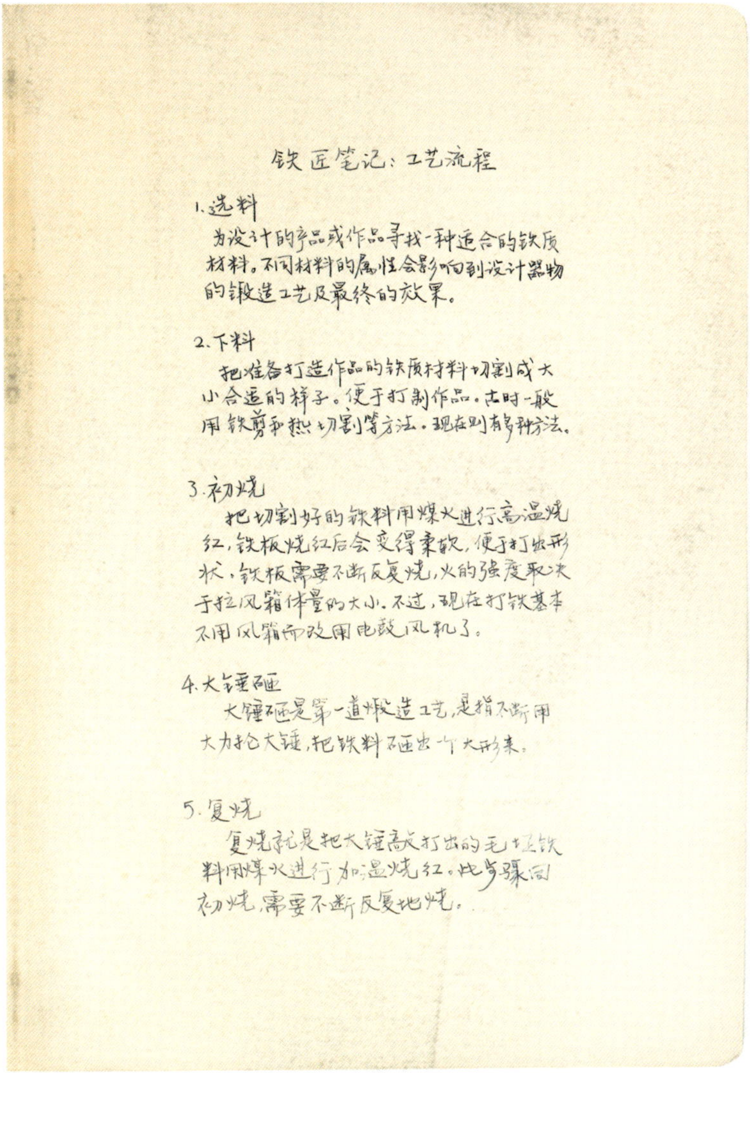
铁匠笔记：工艺流程

1.选料

为设计的产品或作品寻找一种适合的铁质材料。不同材料的属性会影响到设计器物的锻造工艺及最终的效果。

2.下料

把准备打造作品的铁质材料切割成大小合适的样子。便于打制作品。古时一般用铁剪和热切割等方法。现在则有多种方法。

3.初烧

把切割好的铁料用煤火进行高温烧红，铁板烧红后会变得柔软，便于打出形状，铁板需要不断反复烧，火的强度取决于拉风箱体量的大小。不过，现在打铁基本不用风箱而改用电鼓风机了。

4.大锤砸

大锤砸是第一道煅造工艺，是指不断用大力抡大锤，把铁料砸出个大形来。

5.复烧

复烧就是把大锤敲打出的毛坯铁料用煤火进行加温烧红。此步骤同初烧，需要不断反复地烧。

6.中号锤砸

中号锤砸是第二道煅造工艺，是指不断用大力抡中号锤，把铁料敲砸出一个更细致，更具体的形状来。

7.再烧

再烧就是把中号锤敲打出的毛坯铁料用煤火再次进行加温烧红，铁板烧红变柔软后，便于打出更具体的形状。同初烧复烧，需要不断反复地烧。

8.各种小号锤砸

在铁器成型后期，需要不同型号的小锤敲打所需的细节。这一工序尤为重要，因为使用小锤敲打预示着铁器即将完成所需的形状了。有一些表面效果在这个步骤中将会定型。

9.淬火

淬火是将金属工件加热到某一适当温度并保持一段时间，随即浸入淬冷介质中快速冷却的金属热处理工艺。淬火可以提高金属工件的强度及耐磨性。通过淬火与不同温度的回火配合，可以大幅度提高金属的强度，韧性及疲劳强度，并可获得这些性能之间的综合机械性能，以满足不同使用要求。

9.淬火

淬火是将金属工件加热到某一适当温度并保持一段时间,随即浸入淬冷介质中快速冷却的金属热处理工艺。淬火可以提高金属工件的强度及耐磨性。通过淬火与不同温度的回火配合,可以大幅度提高金属的强度、韧性及疲劳强度,并可获得这些性能之间的综合机械性能,以满足不同使用要求。

10.打磨

表面改性技术的一种,一般指借助粗糙物体(含有较高硬度颗粒的砂纸等),通过摩擦改变材料表面物理性能的一种加工方法。主要目的是为了获取特定的表面粗糙度。如有需要,还可进行表面抛光处理。

11.刻字

刻字就是用高强度的钢戳在金属器物上錾刻文字及图案。

12.烧黑

顾名思义,就是把打造完毕的铁器进行加温烧黑,其实也就是将其表面加温氧化,以得到统一效果,这样作品会显出其独特铁器风范。

13.打蜡

打蜡是防止铁器生锈的一种方式,打蜡时,铁器需要保持在200-300°C,用蜂蜡浸过后将表面多余的蜡擦去自然冷却即可。

铁

i r o n

何意百炼钢，化为绕指柔

郑 路

金属情节

对于我的金属情结，我总开玩笑说，这是源于我挚爱的“重金属”音乐，因为我一直觉得用金属这个名词来形容一种音乐风格，非常准确而且微妙，从貌似混乱的噪音中体现出来的是紧凑的结构和逻辑。经验的作用和影响，使得貌似无关的两者情景交融，这正如列维·布留尔（Lévy- Bruhl）的互渗律概念：一切客体和存在物以及人造物都有可被感受到的神秘属性和力量，神秘力量可通过接触、传染或转移等对其他存在物产生不可思议的作用。所以，不仅仅是金属和音乐互渗，金属和肉身也是一样。

古人服食金丹，幻想人也能像金石之物一样永世长存，这就是原始思维，原始思维是服从于互渗律的。吞服具有优良性质的自然物质或人造药物，可以将这些物质的性质转移到人身上，从而达到变形易体的功效。古人服食金属炼化的金丹的观念，是从金属具有相对稳定的化学性质，以及把无机盐能让肉不腐烂等日常生活的经验作类比，进而推理得出来的结论。在《抱朴子内篇·金丹》中可看到东晋道教学者葛洪的言论："夫金丹之为物，烧之愈久，变化愈妙。黄金入火，百炼不消，埋之，毕天不朽。服此二物，炼人身体，故能令人不老不死。此盖假求于外物以自坚固，犹如脂之养火而不可灭，铜青涂脚，入水不腐，此是借铜之劲以扞其肉也。金丹入身中，沾洽荣卫，非但铜青之外传矣。"所谓"假求于外物以自坚固"的概念正是物性转移的说法，通过接触和作用，可以将物质的性质转移到人身上。我一直对这个"物性转移"抱有兴趣，想将这个逻辑转化为创作的语言。我大学选择了雕塑专业，就此和材料、金属结下了不解之缘。

从做雕塑本体来讲，古典雕塑是以不同材料来传达语言，表现力是借助于材料属性的，这个阶段材料是载体，就如米开朗基罗用近四年时间雕刻出大卫像，他说大卫被禁锢在这块大理石中，他只是将其释放出来而已。大卫像的原石易手过两个雕塑家，但终因技术问题放弃了，最后，这块历尽波折的大理石，或者说就是大卫，终于等来了米开朗基罗，两者凝固永恒。材料的极致性表现，取决于雕刻家是否优秀。今天，在当代艺术范畴，材料已经由艺术表现的载体逐渐变成了艺术表现的主体，或者说材料已经成为观念的载体，材料的物质属性不仅有自然特性的一面，还具有社会属性和人文精神，具有很强的开放性。

水，文字，水

出于对“水刀切割”的好奇，我在2005年第一次用水在铁板上切割文字，做了第一件金属文字的创作《花下醉》。

这是将李商隐七言绝句《花下醉》的文字，用金属切割出来，文字以个体方式打破原有平面的视觉结构，重新构成正方体文字组合型雕塑。以视觉体验为中心，改变原有材料的视觉属性，将之重构为工业化形态，并借此改变了其所借用的古典诗词的原有意境。在李商隐的文字中，“寻芳不觉醉流霞”的“自在”与“华美”、“更持红烛赏残花”的“随性”与“伤感”，转而成为工业化的立方体。这种感官上的视觉重构，试图成为通往古典世界的新通道——它切断了我们阅读古代诗词时的感知习惯，让我们避免某种惰性判断，从而使我们重新发现“感知对象”作为对象单纯存在的独立性，并因此发现原有“经验结构”之外的体验，抑或感悟。

另一个金属文字的系列是《淋漓》，将唐代诗人白居易的诗歌

《玩止水》的文字融入作品中，作为这个《淋漓》系列的文字来源。文字的“意义”与文字的“物质”属性是交融在一起的，“文字”既是意义表达的载体，同时也是造型的材料元素。“形”与“意”的统一正是通过文字的物质性来展开的，也正是这种对于文字的“物质性”运用，使文字在原有序列中的“可阅读性”与实际作品中的“不可阅读性”这对矛盾又凸显了出来，所以可以说是在雕塑与文字之间的互动与冲突中索取支撑。雕塑把文字作为一种表达的工具，但又超越了文字本身的所指与内涵。正如白居易在《玩止水》中说水的动静变化，但最后意指为人之理，此诗立意源自《庄子》，原句是“人莫鉴于流水，而鉴于止水”，动者乐流水，静者乐止水。利物不如流，鉴形不如止。世间万物的这种流变性与稳定性、永恒性与暂时性、物质性与精神性、本质性与现象性等对应关系，构成了我们关于世界观表达的所有逻辑基础。而且，即使是这些两两对应的概念本身，其关系之间到底是二元对立的，还是阴阳互补的关系？正是这些“原问题”构成了人类历史中从文学、哲学、宗教等不同角度来解释的、丰富多彩的“知识”现象。通过这些文学的、哲学的、宗教的不同“知识”现象，应用形象造型语言将这些“原问题”呈现出来。

比如水这个题材，两千年前老子曾预言似的说过，“天下莫柔弱于水，而攻坚强者莫之能胜”。一千九百年后，水作为工具以高

郑路的金属雕塑《淋漓》正在焊接中

金属雕塑《花下醉》，当诗作成为刚硬的金属雕塑，文字的意义与意境开始演变

压水射流切割方式成为工业切割技术方面的主流。我用水切割技术切割金属文字来塑造水，以坚强之极构造柔弱之极，或柔弱之极比拟坚强之极，以此成为我选择用金属材料来再现水的内在逻辑。

从造型美学上而言，金属镂空文字雕塑是对传统雕塑体量感的消解。金属板材经过字形镂空处理之后，原本材料的自然属性所带来的心理感受改变了，沉重的钢板变得轻盈起来。此后，进一步的发展，便是这种被消解了的“负形”构成了另一种“实体”。在材料的薄厚程度与坚硬度之间找到一个平衡点，在保证形体的坚固度的前提下，将材料的厚度控制在最薄处。同时，由于金属材料在焊接后，所产生的应力会使在视觉上看似零碎、残破的表面坚硬异常。经过抛光打磨处理的作品表面达到的光洁、精细的程度，以及镂空处理后形体的晶莹剔透感，进一步消解了雕塑体积的坚实性；体积内部的虚空性和空气流动性，与形体外部所标示的体积的“实在性”之间，又产生着新的矛盾关系。

2015 年的作品《潮骚》是一次金属与水的对话，也是我和日本作家三岛由纪夫的“对话”。看起来貌似马远的《层波迭浪》或日本浮世绘画家葛饰北斋的《海浪》，我将拍打翻腾的巨浪定格凝固，使其在静态中蕴育着一种蓄势待发、排山倒海的动势。我截取了一个微观的局部，采用“以小见大”的美学观与戏剧化场面相结合的方法，呈现汹涌而来的滔天巨浪上美丽浪花四溅的瞬间景象，似乎

《淋漓》（之一）。白居易的《玩止水》以文字建构了水的造型，而郑路将诗句中的文字变成金属雕塑，再造了水的形象

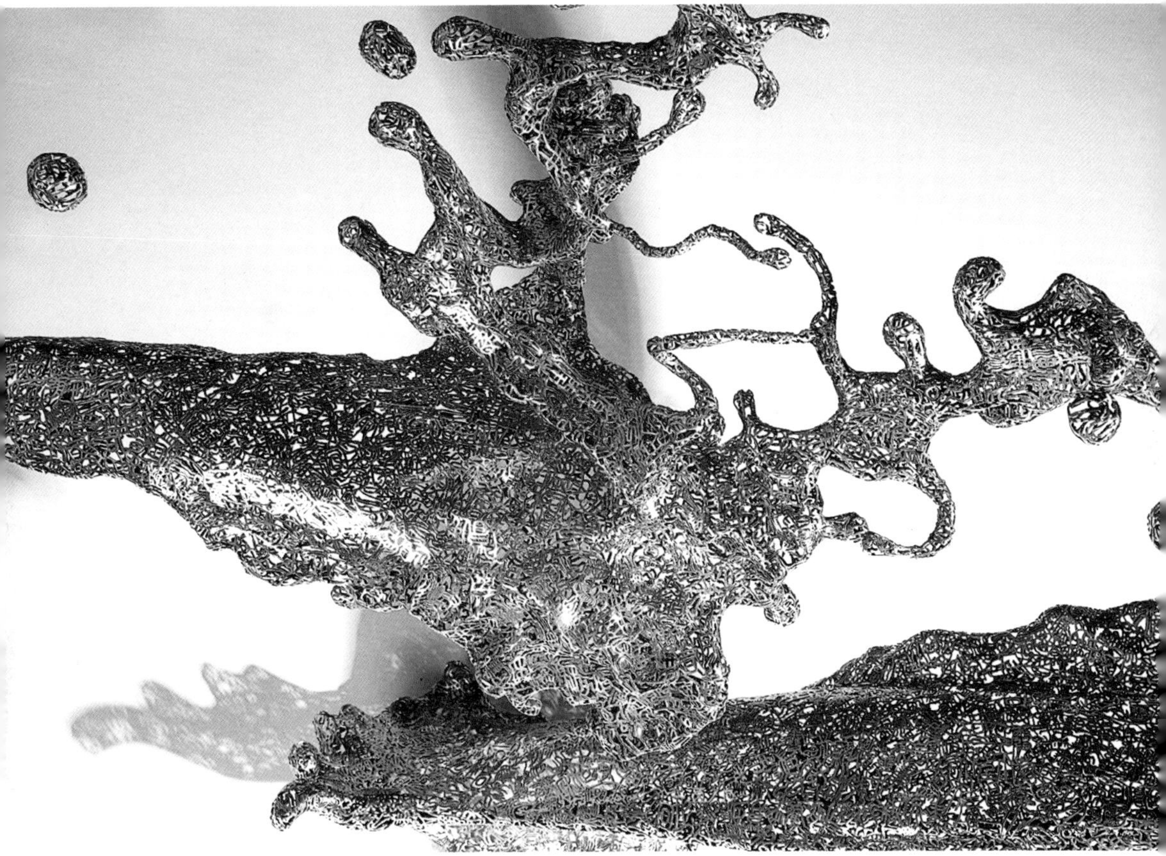

《淋漓》（之二）。《淋漓》系列是将中国传统文字与水这一物质的多种形态进行融合与转换

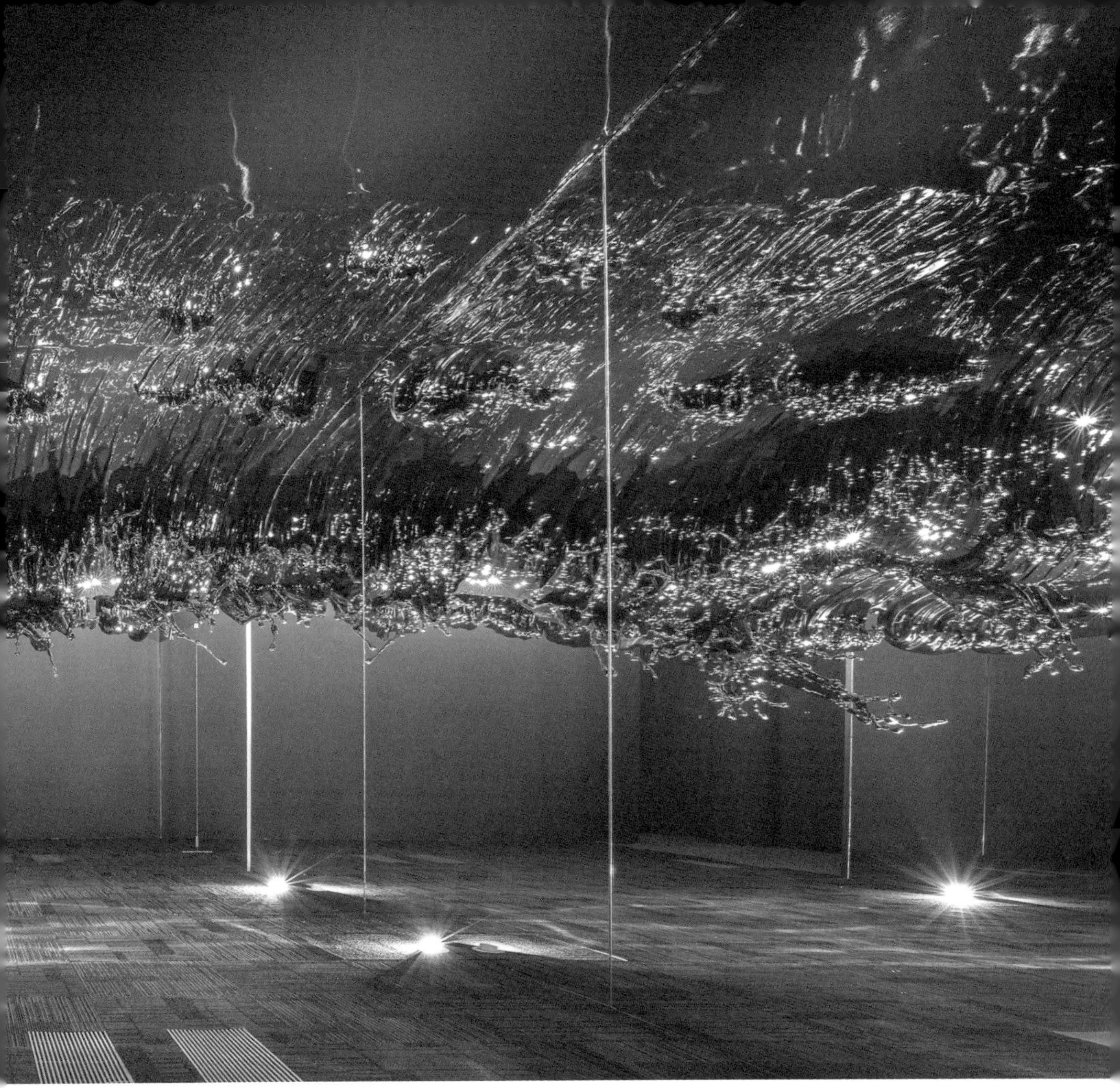

《潮骚》，这是郑路与日本作家三岛由纪夫的“精神对话”

让人聆听到大潮拍岸发出的咆哮，以文学化语言将大潮一步一步推向高潮，使宁静与动态、极简与繁复相辅相成，构成节奏感的视觉叙事。在最靠近地面的部分运用了镜面式的不锈钢板，紧接着中景部分呈现的是逐渐涌向上方的灰白色小型波浪，最后则转变成急速垂直上升、不断汹涌翻滚而来的黑色巨浪。而视觉中心的巨浪被赋予主观的黑色，以加强视觉强度和凝重感。这三段由不同物质形态和色彩排序所组成的关系，建构了作品的节奏和韵律，这正是后人对三岛一生的评价“生之空，死之盈”。

与此同时，我有意把置于内部空间的雕塑装置的侧墙建造成一个整体反射镜面，从而使作品在空间上产生真实与虚构的对照和延伸，并增强人与作品之间视觉互动的舞台效果。这就是我对《潮骚》的演绎。于我而言，我对三岛的“美与崇高的倒错”很有共鸣，正如他所说，人是耽美的生物，而美又是摇曳难捉、忽远忽近，又不住扩散，它令人向往的同时却背弃人类，倒不如以毁灭美的方式，去创造另一种绝望之美。我们都是自卑的完美主义者，在不断毁灭的自我体系中重构，需要很敏感的性情，需要对细微事物有体察。敏感之人心思重，常处倒错的状态，更易接近微妙的体察，敏感的人是切切实实感受到生活中“空”之所在的，死亡反倒显得充盈了。

《与海为伴》，以泡沫化的鲨鱼形象思考人类与自然的关系

泡沫和鱼钩

2014年，我参加了一个鲨鱼与人类的环保主题展览，为此创作了两件作品。其中一件是由泡沫构成的鲨鱼局部形象，用不锈钢丝将泡沫结构焊接出来。

泡沫是由不溶性气体分散在液体或熔融固体中所形成的分散物系，它可以引申为比喻某一事物表面所存在的繁荣、兴旺而实际虚浮不实的成分，象征着短暂易逝、即将破灭。我将泡沫的物理结构严格复原，构成鲨鱼局部的形象，以虚浮易逝去解读生命的转瞬即逝。这次展览的主题是鲨鱼与人类，除了点出鲨鱼种群岌岌可危之外，更重要的，是要使观者感知：试图超越自然的人类，结局必然如泡沫一样破灭。

另一个系列，我选择了鱼钩这种现成品为材料，用数万个鱼钩，钩子朝内，焊接成人类心脏的造型。这是充满反讽意味的。我们常会形容一个人有慈悲之心，会说一个人有一颗善良的心。我们也常听到一个说法："起心动念。"也就是说，人类的行为取决于心的动念。如果心存善念能成就人类对海洋生态保护的重视，那是因为心里有了动念。反之，如果人类因为贪图暴利与满足食欲，一味在海洋上展开杀戮，也是因为起心动念。平衡杆上的善与恶，都因心而起。那么，从外表上，怎能让人一眼就洞穿心念的善或恶呢？包

《三千烦恼丝》由真空镀膜的不锈钢丝连接，有着肥皂泡一般的七色光晕，给人实在而又虚幻的感觉

藏着心念的基础信仰，事实上都隐藏在心底，除非靠近、亲近，否则如何能体会？几万只锐利鱼钩反面焊接，从外表上看不出那是鱼钩。等到一靠近，看得更仔细一点，才会发觉这颗心脏是由数万个鱼钩所组成，这正是人心险恶的物化。

有人笑谈，我用于作品的每一个鱼钩，都象征着一条生命被挽救，这似乎是个漂亮的说辞，其实不然。我为实现作品，在网上大量采购鱼钩，因为作品尺寸大，选择的也是最大号的海钓鱼钩，这种鱼钩不是主流尺寸，商家不会大量生产，也没有多少存货。一时间，我几乎买尽了国内的鱼钩库存，甚至还要额外大量定制。突如其来的订单使商家大为悦色，误以为这种鱼钩的需求增大，故加大产量。钢制鱼钩需要电镀防锈，这其中造成的污染及损耗是违背初衷的，对于一个环保主题来说，反而显得矛盾了。可我们又何尝不是处在这矛盾中央呢！

三千烦恼丝

这件作品的创作动机源自美国电影《欢乐谷》（*Pleasantville*，1998）。电影中的“欢乐谷”是一部电视剧的布景，是黑白的，人们过着毫无波澜的平静生活。居民们的人生像极了一套既定程序，每天都过得规规矩矩。夫妻相敬如宾，孩子乖巧听话，直到一位彩色的人来到这里，渐渐改变了这个黑白的世界。人们惊讶地发现，他们竟然看到了一个非常神奇的元素——色彩。

只有真正做出改变才会于黑白世界中出现颜色，这情节投射到现实中，无非是对秩序异类的隐射。绝大多数秩序的拥护者起初对颜色抱有好奇，而随着彩色人群的增加，未知的恐惧和对秩序的破坏让社会出现了分化，在这里，电影利用了历史的投影来叙述秩序的崩坏——黑白人群对彩色人群的暴力，以及彩色人群的抗争。当然，作为社会的进步思想，彩色的人证明了身处黑白中的人为了遵从秩序而固有的虚伪一面。色彩也赢得了最终的胜利，就如同电视机由黑白变成彩色的一瞬，宣告了一个时代的结束。

为表现这个隐喻，我赋予三千米不锈钢钢丝七彩的颜色。我将钢丝真空镀膜为七种颜色。三千米差不多是展览所用的不锈钢材料的总长度。而后借用那句“剪去三千烦恼丝，化作自得一微尘”为名。

佛家讲欲望、名利、执着这些眼前所有的东西都不是真实的，而是假象，正如这些不锈钢丝上的七彩，类似肥皂泡上的七色光晕，加上这些丝线的无头绪的反复缠绕，形成无解的局面。

于我而言，将金属的沉重消解为轻盈，将坚硬转化为丝柔，正如“何意百炼刚，化为绕指柔”。将金属作为文本，进行感官重建，赋予其社会意义。经过诸多实践，其物性似乎已经转移到我的身体之中，已经日渐互渗，这大概就是我选择金属材料的执念吧。

铁

iron

甲胄：铁与火的时空

叶思太 · 卡得尔汗

甲胄、盔甲、铠甲、铁甲这些名称经常出现在我们的生活里，它们是同一个事物的不同名称。在春秋战国时代，由动物皮革、甲壳等非金属材料制作的护身具称为“甲”，由金属制作的护身具称为“铠”，“铠甲”则是后世混用以后的统称；至于头盔，一体铸造的称为“胄”，几瓣铆接的称为“盔”，而用甲绳将许多甲片编织而成的则称为“兜”，但这些概念最后也都被混用了。这篇文章里，我们选用“甲胄”这个名称，因为它透露着一种古老的气息。

甲胄制作是一种古老的应用仿生学，人类从龟类、鱼类、犀牛和穿山甲等动物身上获得了很多保护自己的灵感。我们可以笼统地把甲胄理解为一切穿在身上的、可以起到保护作用的“外骨骼”，无论其材质和外形是什么样的。

甲胄也是各种文化最为坚实的外壳，我们可以从中看到不同文化的审美、性格甚至是宇宙观。有甲胄知识背景的人们，也可以在看外国的古代战争影片时，通过其中的甲胄看出该片故事所发生的时代和族群背景。例如看到《角斗士》（*Gladiator*）里的甲胄，我们就会立即发现这是罗马的故事；看到《七武士》（*The Seven Samurai*）里的甲胄，就能立即明白这是日本的故事。这种甲胄与文化的无缝对接，都是源于国外影视服装工作者对于自身文化的尊重和对工作的专业态度。甲胄复原在国内虽然没有像西方那样变成考古学的一个分支领域，并辐射向各个文化产业，但在白荣金老师等国内甲胄考古前辈和民间甲胄爱好者的努力下，我们还是积累了大量的甲胄知识。作为爱好者，我们渴望复原出我国古代真正存在过的甲胄。

铁与火的河流：奥宗工作室诞生

我在 2010 年进入甲胄复原的领域，算起来，坚持这个爱好已经六年了。最初，我什么都想尝试，做过各种各样的甲胄。后来随着自己的偏好和国内甲胄工匠们的分工细化，我就成了专门复原草原甲胄的工匠。

目前国内甲胄工匠们的分工已经比较明确，有专门复原中国甲胄（简称“国甲”）的工匠，有专门复原欧洲甲胄（简称“欧甲”）的工匠，有专门复原日本甲胄（简称“日甲”）的工匠，也有专门复原草原甲胄和中东甲胄的工匠。甲胄工匠们之间处在良性竞争或合作的状态，不同甲胄体系之间的工艺差别也能得到很好的交流，大家都在为了甲胄事业更好的未来努力着。

我开始复原甲胄时才上大一，当时的复原工作都是在条件“艰难”的宿舍里进行的，之所以说艰难，是因为制作甲胄带来的噪音、材料的囤积和来来往往的圈内友人会打扰宿舍其他同学的生活，而且宿舍的电力限制也使得很多电动工具无法使用。但我还是坚持下来了，并且在单纯的复原制作之外有了一些自己的思考。

2013年年底，我将工作室命名为“奥宗”，这是一个哈萨克语词汇，意思是“河流”。因为，历史就像河流一样，不断向前又循环往复。奥宗的创作理念是“以空间的模仿完成时间的复原”，这个理念来自罗马尼亚裔美国宗教学家伊利亚德的“原型与反复模式”理论。

伊利亚德认为，古代人将创世神话视为他们文化中最神圣的事件，这一神话事件不但成为此后一切存在的来源，它也是意义的总源头。但“古代人”也无奈地承认，时间必然会带来老化和俗化，历史必然会带来邪恶与恐怖，每一分每一秒时间的流逝，必然使他们离那个起点越来越远。所以“古代人”必须通过某种仪式和象征的设计回到宇宙开辟的那一刹那，重新汲取存在所需要的能量，更新此生此世。至于永恒回归所向的神话，伊利亚德称之为“原型”，然而此处的原型不是荣格“集体无意识”的概念，它指的是根源性的模范、范本等。它是宗教史学定位下的概念，也只有在同一文化传统下的人才会认为某一创世神话是存在与意义的源头。这么阐释有些抽象，简单地说，例如国人过的春节，便是人们重复上古祖先击败“年兽”而获得和平的“原型”行为，以回到那个神圣的时空，遗忘上一年的灾难、疾病和其他痛苦，轻松地开始新的一年。再如我们哈萨克族人，我们最为隆重的节日是纳吾热孜节，这便是一年一度回归起源时空的活动。更通俗的例子是，全球性的奥运会是对古希腊以运动屏蔽战争的神圣行为的模仿，以期享受短暂的、没有战争的、忘记苦难的全球性嘉年华。

为什么将这个理念作为奥宗的创作理念呢？因为甲胄的复原同样应该具有这种神圣感。我们复原出一种甲胄，事实上是制作出了一个可以使人与古代某个时空产生联结的物，使人们“回到祖先的时空”。简单地说，对于处在后现代思维中的国人，我们复原出一套汉代的甲胄，着甲的人在着甲的短暂时间里，从观念上很容易觉得自己是一个汉朝人，进入大汉帝国的幻想中；对于处在传统思维和现代思维碰撞中的哈萨克族人或者蒙古族人而言，穿上象征着祖先的甲胄，无异于对祖先崇拜的实践和对祖先视野的重现。这便是“以空间的模仿完成时间的复原”。

哈萨克族英雄四合镜板甲正面

哈萨克族英雄四合镜板甲背面

在这样的理念支撑下，奥宗工作室于2014年10月扩充至三个人，有两个“北漂”的哈萨克族兄弟加入其中。最初我们在北京二环里的胡同区租了一间平房，改造成小阁楼的形式，阁楼作为宿舍，而下层则作为工作室，如此工作了半年左右。工作室就在后海边上，我们三个人经常带着我们领养的流浪狗伊阿宋在后海边散心。

那段时间，我们感受到了十足的“北漂”滋味，毕竟毕业后的创业阶段无论是在困难上、规模上，都和大学时兼职单干不可同日而语。虽然坚持着原本的理念，但困难总在不断地加剧。我们接到越来越多种甲胄的订单，需要画越来越多种类的甲胄图纸，要跟越来越多的供货商周旋，必须攻克越来越多的技术难题，为了生计，自我创作的空间大大缩短，干活干到双手的每一个指节发疼，每个月支付皇城根下高昂的房租，还要为了履行族群义务而接纳其他来北京的哈萨克族兄弟。最初的半年，订单并不稳定，我们每个月只能勉强支付房租和保障最低的伙食标准。现在回想起来，我们常开玩笑地调侃说，自己当时把挂面做出了八十种吃法。有时，压力和困苦也会让我们之间发生争执，但这些都会在第二天烟消云散，这是我们自己的选择，即使跪着，也要走出结果。

不同于很多内地八九十年代出生的同龄人，我们这一代城市哈萨克族人多少经历过体力劳动的磨炼。在盛夏的牧场，我们骑马驰骋、放牧牛羊，捡来干牛粪烧火做饭，在松柏林里砍下枯枝，装在骆驼的背上带回阿吾勒；把成群的绵羊扔进山泉里洗涤，剪下它们五颜六色的羊毛；在节庆帮着长辈们宰牛羊，与牧场上的孩子们赛马摔跤；我们在龙卷风过后捡回毡房的残骸重新支起穹顶，细数被雷电击毙的羊群尸体。在夏末的草场，我们忍受蚊虫的侵袭，挥舞巨大的俄式镰刀打草，用钉耙和草杈把打好的牧草堆成一个个金字塔般的草垛，再把它们抛上马车和拖拉机运走，最后在牛羊们期待的目光中把牧草扔进后院的草料间里。我们把一袋袋小麦扛去乡政府的磨面机房磨成面粉，留下一部分麦子，用祖辈制作的石磨磨成我们爱吃的塔勒罕粉。在北疆寒冷而洁白的冬牧场，我们呼出浓重的雾气，迎着酸紫红色的朝霞把牛群赶到几个山头之外的牧地，从厚厚的积雪中挖出腊月出生的羔羊；在傍晚暖橘色的山峦中赶着羊群回家，嬉戏地骑马追逐金色的狐狸。我们面对过内亚最严酷的草原怒气，也感受过毡墙内凉凉的温暖，那样的生活既有《百年孤独》中的魔幻和苦难，也有《查密莉雅》中的静谧与温和。我们的先辈于那个贫瘠的时代，在命运的鞭笞下开垦了养育我们的土地，而我们所面临的困难又算得了什么呢？

我们坚持下来了。

新的机遇出现在2015年的暑假，内蒙古的一家文化发展企业邀请我们加盟其在呼和浩特市的文化创业园区——大盛魁。这是一个专门面向手工艺人的创业基地，加盟园区的都是来自“北方游牧渔猎文化圈”的手工艺人。我们因为从事的是草原甲胄的复原，因此有幸加入了这个园区。至此，我们的事业也有了新的进展。简言之，从蜗居在胡同深处的捕梦人，变成了真正拥有工作室和店面的工匠！与此同时，又有两位新成员陆续加入了我们。我们兵分两路开始了入驻大盛魁的准备，我前去广东向甲胄师前辈萧何学习更多的甲胄复原工艺，剩下的成员则在内蒙古亲手装修我们的店铺。我从广东修行回来之后，大家便开始购置设备、材料和桌椅，为自己打造出一个满意的工作室。这个工作空间让我们得以使用更多种类的工具和设备，比如角磨机、电钻、台钻、砂轮机和各式钣金工具。当地一位年轻的金银匠加入了我们，更带来了一整套专业的金银加工设备，其中最令我受益的是他的煤气加热工具，从此我们便掌握了热锻工艺。

内蒙古是一个文化产业创业氛围很强烈的地方，当地各民族，尤其是蒙古族，对于传统文化的重视程度也很高，对我们从事的甲胄复原工作十分赞赏。很快，我们接到了比以前更多的订单，并开始了疯狂地复原工作。在内蒙古的工作室中，我们复原出了很多令我们引以为傲的甲胄。不过，为了提升我们的手艺与理念，对历史的学习与研究仍然非常重要。随着工作和生活的稳定，我也静下心来对之前的甲胄知识进行了总结和分类。

再造传统：回到祖先的时空

最早起到甲胄功能的物品可能出现在新石器时代，即由较厚的兽皮制作的衣服，这种厚实的生皮衣服不但可以使原始社会的猎人们免受凶猛猎物的伤害，也能使他们在与敌人发生冲突时处于优势地位。因为直接的考古证据十分匮乏，我们根据泰勒的“残存法”得出了这样的结论。①比起躯干甲，人类有意识制造的最早的护具可能是头盔和盾牌。有考古证据可以证明的，最早可以称为甲胄的物件是苏美尔战士的装备。他们头戴铜制头盔，身上则披挂一种披风，这种披风由皮革制作，并在表面镶嵌众多铜制的泡钉以加强防护效果。

从猎人到武士

从新石器时代晚期至人类文明的萌芽期，也是甲胄发展的萌芽阶段。这个时期，男人的生产性职能发生了变化，除了作为获取食物的猎人之外，他们还要作为战士获取战利品；这个时期的甲胄材料主要是皮革、兽骨、木头、角质和藤蔓，形制包括整块皮甲、罗

① 爱德华·泰勒，英国著名人类学家，古典进化论的主要代表人物。“残存法”是指随着社会的发展和整个制度的改变，一些旧有的文化仍会保留下来，通过这些旧有文化遗存，我们可以逐步追溯并构拟出过去的文化。

萌芽时期——印第安人

圈皮甲、原始扎甲和原始鱼鳞甲等。

青铜时代至铁器时代的早期，是甲胄发展的上古时期。这段时期内，各大文明在最适合人类生存的地区相继崛起，包括古埃及、苏美尔、巴比伦、赫梯、迈锡尼和商王朝等。随着人口的膨胀，文明内部和文明间的冲突开始加剧。剥削阶级的出现，养育出各个文明中最早的武士阶层，武士们从原始社会的猎人武士演变成了文明社会中的贵族职业武士。他们装备着由皮革、青铜或厚亚麻布制作的精良甲胄。

铁甲披挂的帝国战士

古希腊时代至西罗马帝国的灭亡，是甲胄发展的古典时期。这个阶段人类的各个文明都进入了铁器时代，转化自然能量的能力大大提高，人口膨胀，更多庞大的帝国开始出现，城邦、王国、帝国的各类冲突此起彼伏。随着铁制武器的发展，甲胄也发生了相应的进步。青铜甲胄、皮革甲胄和布帛甲胄在古希腊被升级并广泛使用；古罗马早期也配备青铜甲胄，后来逐渐发展为铁制的鱼鳞甲、锁子甲和板条甲；中亚和西亚发展出了大规模的重装骑兵，铁制或铜制的鱼鳞甲是这个时期重装骑兵的主要甲胄。在中国，这个阶段对应的时期是西周到汉朝，穿青铜和皮革甲胄驾驭战车的诸侯贵族武士逐渐让位于穿铁制鱼鳞甲骑马或步行的帝国战士。

古典时期——古罗马

大分裂与大统一

甲胄发展的中古时期，对应的是欧洲的中世纪、中东的伊斯兰教大发展时代、中亚的突厥—蒙古帝国崛起时代、中国的南北朝至元朝以及日本的奈良到镰仓时代。在这段时期内，世界人口继续增长，生产力大为提高，全球都出现了大地区内的分裂和统一。比如欧洲从西罗马帝国灭亡后各蛮族国家的分裂到法兰克帝国的扩张，再分裂形成今天西欧各国的大致版图，而在草原上，由各个部落的纷争到突厥汗国的崛起和分裂，再到蒙古帝国在欧亚大陆的大征服，中国则由南北朝的分裂到隋唐的大一统，再到宋朝的三国对峙。

这个时代由于各个主要地区国家规模的扩大和部族的迁徙、宗教的更新，带来了更频繁、更大规模的战争，武器装备的技术也获得长足发展。甲胄的材料以钢铁为主，辅助以皮革和布帛，青铜甲胄基本不再装备。欧洲进入了长期的锁子甲统治时代，也有少数的皮甲、铁扎甲、鱼鳞甲和布帛甲，这个时代的后期开始出现了布面铁甲和初级的板甲；伊斯兰世界则是锁子甲、铁扎甲和鱼鳞甲的天下，后期可能开始出现了初级的板链甲；草原帝国将铁扎甲发展到了一个新的高度，上下垂钓结构很可能是在这一时期的草原上诞生的。除此之外，草原骑士们也配备着皮扎甲、皮罗圈甲、锁子甲和布面铁甲等各式各样的甲胄；中国继续保持着铁扎甲的传统，但也发展出了明光铠、山文甲、绢甲等独具中国风格的甲胄；这个时代的前半期，日本人从东北亚整体风格的短甲、挂甲中发展出了胴丸和大铠这两种独具日本艺术特色的甲胄，后期还发展出了腹当、腹卷等同样别致的甲种。

最后的辉煌

随后，是甲胄发展的近古时期，这个阶段对应的大致是欧洲的文艺复兴到法国大革命、伊斯兰世界和印度的奥斯曼帝国和莫卧儿帝国时期、草原上的蒙古汗国大分裂和衰落时期、中国的明清两朝、日本的室町幕府到战国时代再到德川幕府的统一。

这个时代，随着欧洲文艺复兴和新航路的开辟，欧洲人在军事、经济和政治体制上都开始领先于世界其他地区。欧洲的核心甲胄经历了早期板甲、全板甲、四分之三板甲和胸背甲的阶段，此外还有布面铁甲（板甲衣）、棉甲和少量的锁子甲存在。在伊斯兰世界，技术的滞后使得锁子甲依旧占据很重要的地位，而不够先进的板甲技术使得他们将板甲和锁子甲结合，研发出了不同样式的组合板甲和板链甲，此外来自草原的布面铁甲在帖木儿帝国中曾经广泛使用。在草原上，随着蒙古汗国的分裂、金帐汗国的衰落，以及农耕政权开始掌握重型火器，游牧民族近两千年的军事优势渐渐旁落，草原原创甲胄停留在铁扎甲和布面铁甲的阶段，但欧亚草原西部的战士们也会从伊斯兰世界进口组合板甲、板链甲甚至印度式板甲等甲种。

近古时期——欧洲

中国甲胄在这一阶段开始放弃原先的主流——铁扎甲，而开始全面装备布面铁甲，其原因可能是火器的发展，也可能是因为这个时期发生过一次小冰期。日本的甲胄从古典的大铠、胴丸、腹当和腹卷演变成了以具足为代表的极具个性化的甲胄，这个时代日本甲胄匠人们可谓是灵感大爆发，日本具足的种类比世界上任何民族的甲胄种类都要多得多。

甲胄绝唱

随着全世界开始连为一体，全球史揭开了帷幕。甲胄的传播也是如此，我们可以在印度、日本和泰国看到欧洲板甲的舶来品和仿制品；可以看到草原世界的布面铁甲传向了中国、朝鲜半岛、东欧和伊斯兰世界；可以看到斯拉夫人和哈萨克人装备着伊斯兰世界的圆盘组合板甲和板链甲等等。

随着火器的进步和发展，甲胄为了跟上火器的发展也努力进行了很多改进：在欧洲，钣金技术的发展和人体工程学技术的发展，使得欧洲甲胄的防护面积越来越大，后来为了在与火器的对抗中防护重点部位而将胸背甲不断加厚，从而渐渐淘汰了四肢甲；在其他地区，尤其是中国，匠人们通过加厚布帛层来起到更好的缓冲作用，以此来对抗东亚战场上的早期火器。虽然这一阶段欧洲的甲胄技术无疑是更加先进的，但在对抗火器这个难题上，中国匠人的思路似乎更加正确，事实上这也是现代防弹衣的基本思路。这个时代是传统甲胄的绝唱，然而我们还是可以在现代防弹衣中看到甲胄的影子。

甲胄谱系

在研究这些甲胄知识的时候，我参考了语言学的分类谱系，因为这套谱系与文化、族群或政权之间有很高且很灵活的契合度，毕竟世界各地的人类组织形式都十分不同：有的是部落或部族，例如克烈部落、亚马孙人、汪达尔人、易洛魁人等；有的是王国，例如迈锡尼王国、楼兰王国、西哥特王国、英格兰王国等；有的是帝国，例如亚历山大帝国、罗马帝国、大唐帝国、突厥汗国、蒙古帝国等；有的组织方式则涵盖多种政权的语言、文明甚至是超文明范畴，例如突厥语族、华夏文明、伊斯兰文明、印第安人等。语言学式的树状层级支系分类，可以恰当而灵活地笼括存在于各种人类组织方式中的甲胄。因此，我将甲胄分为甲系、甲族、甲支、甲种四个层级，每一层级又会扩展出更多子分类，从而将全人类的甲胄嫁接在一棵硕大的谱系树上。这样不仅有利于增进我们对甲胄的理解，也有助于理解它们背后的文化内涵。

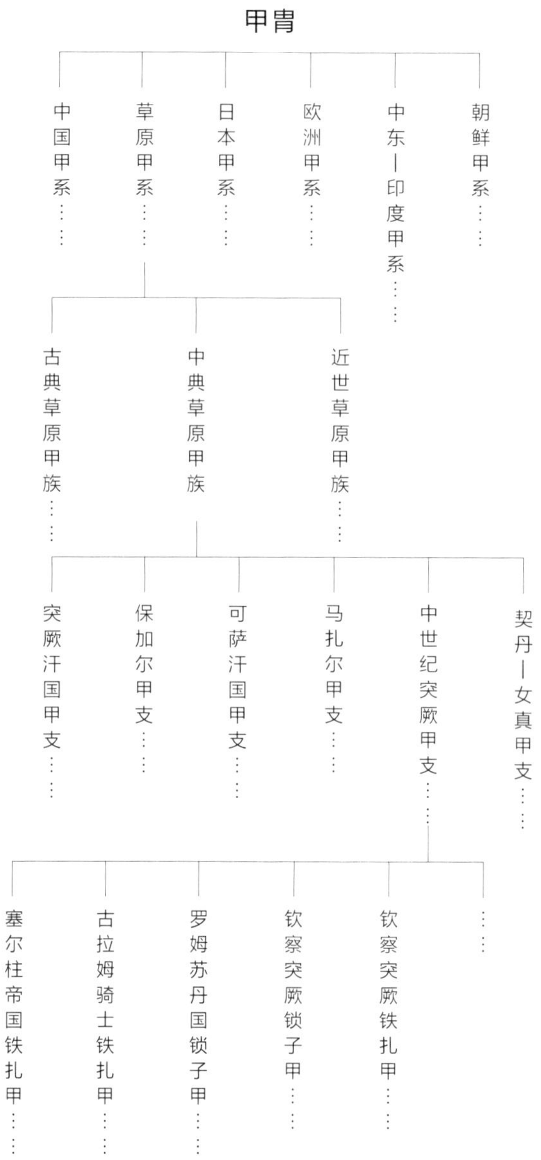
甲胄
中国甲系……
草原甲系……
日本甲系……
欧洲甲系……
中东—印度甲系……
朝鲜甲系……
古典草原甲族……
中典草原甲族
近世草原甲族……
突厥汗国甲支……
保加尔甲支……
可萨汗国甲支……
马扎尔甲支……
中世纪突厥甲支……
契丹—女真甲支……
塞尔柱帝国铁扎甲……
古拉姆骑士铁扎甲……
罗姆苏丹国锁子甲……
钦察突厥锁子甲……
钦察突厥铁扎甲……
……

甲胄谱系示意图

在铁与火中前行

做过扎实的历史研究，我们的甲胄制作，也会向更高的层次发展。

如今，奥宗作为一个工作室，生存已经不是太大的难题，对新技术的攻克也成了家常便饭，现在最让我们头疼的困扰是来自外部的恶性竞争。在以往，我们的甲胄订单主要来自甲胄爱好者群体，虽然订单量不大，但是所有客户都是懂得甲胄价值的人，而所有竞争对手之间也处在大致良性的竞争中，很多时候都会互相帮助。但当我们将甲胄复原以真正的工作室的形式开展以后，很多根本不懂甲胄甚至完全不尊重甲胄的人也参与了进来。无论他们是客户还是竞争对手，都十分令我们厌恶。作为客户，有些人会来到我们工作室并提出一些完全不合理的要求，例如有一位客户带着出土的辽代甲片前来，硬要我们用那些甲片复原一套蒙古甲胄给他，且不停地妄言："博物馆要用于展出，钱不是问题。"钱确实不是问题，问题是如此急功近利地对待甲胄的态度，我们实在无法忍受。作为竞争对手，曾有一个其他领域的工作室利用自己和客户的关系抢走了我们企划的博物馆甲胄项目，原本该被复原出来的自斯基泰人到近代蒙古人的几十套草原甲胄，被电影道具水平的臆想甲胄代替；我们提议，哪怕一起参与复原也可以，却被拒之门外，然后只能看着一套套不伦不类的、亵渎历史的怪胎甲被量产出来。

为甲胄做皮饰

扼腕叹息也无济于事，一个领域一旦有利可图，必然会有无数唯利是图之辈滥竽充数，浑水摸鱼。在铁与火中埋头苦干、不谙商道的我们，也只能在妥协中坚持。但我们坚信，随着甲胄文化慢慢传播开来，大浪淘沙之后，总有一天会有很多有良知的人站出来，捍卫我们的传统甲胄文化。

有时我会乐观地想，甲胄在国内的现状，很像文艺复兴之前绘画在欧洲的状况，刚刚开始从装饰中脱胎出来，刚刚开始被注入深刻的文化内涵，刚刚开始成为人们借助传统再造新“传统”的工具。在这个阶段，甲胄文化也许就应该背负起责任，为现代人重新“发明”传统提供媒介吧。也许在不久的将来，甲胄也会像绘画一样经历一系列关于匠人精神、艺术和文化的激荡思考，成为一种承载着时代精神的艺术品。我们期待着那个时代早日到来，也期待着这个时代的大师们和美第奇式的馈赠早日出现。

另一个层面上说，如今我国工业生产过剩但产品品质不够优异，全社会所期待的“匠人精神”，不仅仅是针对我们这些维系或再造传统的工匠，更是面向关乎着国民生计和国家实力的各行各业中努力奋进的企业。奥宗能做的也许就是和所有工匠一起心怀这种精神，成为这个时代或多或少激励他人的一个符号吧。

門外

outside

第三个生命：荣荣、映里与三影堂

当电影遇见芝加哥

不只是乐器：Handpan 传奇

外

o u t s i d e

第三个生命：荣荣、映里与三影堂

薛茗

三影堂是中国目前最有活力的民间摄影机构。从2007年在北京开业以来，已经走过近十个年头。它始终致力于促进国际影像交流，以及对中国青年摄影师的培养。它的诞生，要从二十多年前创办人荣荣与他的妻子——日本摄影艺术家映里相遇讲起。他们相识相爱、一起创作的那些年，正是北京这座城市以及中国当代艺术与当代摄影发生巨变的时期。这两位艺术家身上发生的故事，折射出中国当代艺术与社会20世纪末至今的图景，也映照出中国当代摄影艺术的真实生态。

荣荣与映里

荣荣摄影作品《北京东村》，1994 年

废墟与重生

1999年，东京。

画廊里正在展出中国摄影家荣荣的摄影作品——在支离破碎的废墟中，有人穿着白色的西式婚纱，模糊不清的面部，安置在类似于木偶一般僵直的躯体上，看上去犹如濒死般脆弱，但同时又显得格外倔强。在废墟中反复出现的婚纱形象，吸引了一个叫映里的日本女孩儿。她在展厅中久久驻足，被荣荣的作品打动。最后，她在一张纸上写下几个汉字，交到荣荣手里，希望与他交流。

那时的映里，并不了解荣荣，也不知道荣荣照片中的废墟究竟是哪里。1992年，24岁的荣荣为了自己的艺术梦想，只身从福建农村来到北京闯荡。最开始他为报社、照相馆打工，拍摄主流杂志和摄影展览所青睐的那种艺术照片。因为房租便宜，荣荣于1993年搬进了“东村”——北京东三环和东四环之间一座名叫大山庄的村子。

20世纪90年代初，正是北京实验艺术兴起的时期。实验艺术家聚居地，或叫“画家村”，也悄然出现。那时的东村居住着希望从充满垃圾和废品的肮脏村落中获取灵感的实验艺术家。这些新兴的艺术家来自全国各地，因为便宜的房租生活在一起，一起交流、创作。荣荣说，他从未觉得自己是一个用相机去记录这些行为艺术家作品的观察者或者摄影师。他和其他艺术家一样，“深陷其中”地参与整个行为艺术的过程。所不同的是，其他艺术家用身体和画笔，而他用的是相机。

这段时间，东村的艺术家创作出了大量的行为作品，包括张洹的《12 平方米》（1994）、《65 公斤》（1994），马六明的《芬·马六明的午餐》（1994），以及 11 位艺术家共同创作的《为无名山增高一米》（1995）等等。这些行为艺术通过身体的极端表现，在当时的社会政治文化语境中，凸显了时代的身体困境与身份认同。这些行为表演通过荣荣、邢丹文等人拍摄的照片为外界所知，在国际上引起了广泛关注。

然而 1994 年 6 月，由于一些原因，包括荣荣在内的诸多艺术家不得不离开东村。虽然此后的几年，荣荣继续和东村的艺术家聚在一起，拍摄着他们的集体项目和个人表演，但四散的趋势已无法阻挡，艺术家们各奔东西，“东村”这个圈子最终在 1998 年解体。

从东村搬出去之后，荣荣开始关注北京的变化。这时的北京，加快了现代化的步伐。大片的四合院与大杂院被拆除，取而代之的是象征摩登与效率的公寓楼。从 1996 年到 1999 年，他看到有拆迁的房屋就会拍摄，不是拍房子，而是拍房子上留下的一些痕迹，包括海报、照片以及一切有关视觉的东西。荣荣似乎想要通过影像在这些废墟中抓住和怀念些什么，或者在断壁残垣中寻找命运的隐喻。因为失去了艺术交流的空间，荣荣感到迷惘与沮丧。他说，在 20 世

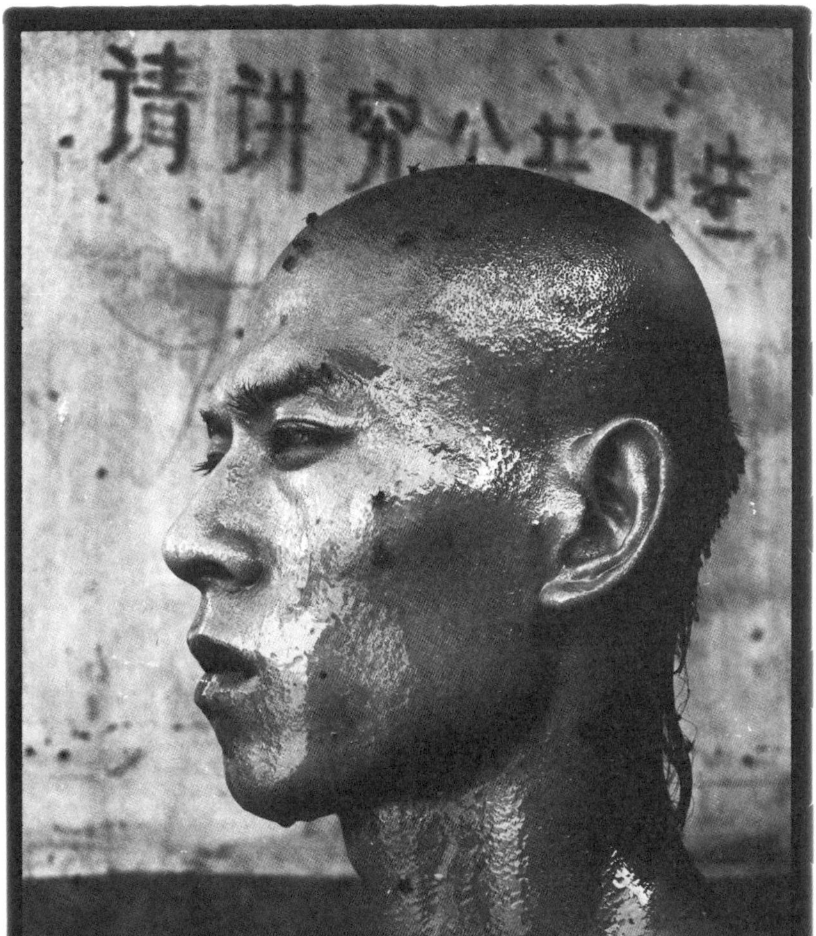

荣荣摄影作品《北京东村 19 号：12 平方米》，1994 年

2001 年，荣荣与映里在富士山下

纪末，他有一种没有出路的感觉。

就在他创作的低谷时期，他认识了映里，那个在影展上给他写纸条的日本女孩儿。那时的映里也是一位摄影师。当时在日本，女摄影师并不鲜见，但她们大多喜欢拍摄画面细腻唯美的私房照。映里却很不一样，她的照片带有强烈的冲突感，同时又充满生命力，似乎是年轻而迷惘的灵魂奋力而艰辛地寻找一个看不见的未来。荣荣在影展后约见了映里。当他看到了映里的作品后，便认定自己要找的就是眼前这个女孩。那时荣荣和映里语言不通，当这两个迷惘的年轻人走到一起之后，影像便成为了他们共同的语言。他们驱车前往白雪皑皑的富士山，一个用中文，一个用日语，在一片冰天雪地里尖叫着："好美啊！"他们跳下车，紧紧地拥抱在一起。

荣荣说："Maybe a photo?"（也许，来张照片？）

从那时起，没有荣荣，也没有映里，只有荣荣和映里共同创作的影像作品。

重建乌托邦

2000年秋天，映里从东京搬到了北京六里屯的一个小院，和荣荣住在一起。那时的社会环境不如现在开放，在六里屯，外国人是不能随意居住的。荣荣因为害怕别人发现映里，要求她白天不要出门，也不要随便开门。等荣荣离开家之后，映里却照旧大摇大摆出门买菜、拍照。那时两人的生活很拮据，有时一天的生活费只有五块钱。但映里回忆起过去的日子，仍然觉得在六里屯的生活是最美好的一段时光。她说："和荣荣在一起之后，我整个人好像都变得更健康了。买菜啊，吃饭啊，很有生活感。我突然改变了，原来生活的细节里有那么多的美。"

正如艺术评论家冯博一的评价，荣荣与映里在一起之后，以一种相望两相知的"复眼"方式观察世界，他们将自己的身体镶嵌到自然或者城市空间中，呈现出艺术家的真诚与坦率。

然而，命运又在重演。荣荣和映里在六里屯的小院子里住了三年之后，这里又面临拆迁。在小院被拆毁的那天，荣荣和映里买来了一大束百合。两人穿着黑色大衣，手捧百合，坐在小院的院墙上，表情僵硬地看着建筑工人们将院墙推倒。随着奥运会的临近，那时的北京似乎进入了全面整修模式，无数像六里屯这样的小院被推倒，取而代之的是宽敞的马路与现代公寓楼。荣荣与映里和无数家庭一

荣荣与映里 2003 年拍摄的《六里屯》系列，作品 1 号

样，在迅猛的城市化进程中，不得不面对个体与社会命运的矛盾。

在作品《六里屯》系列中，荣荣与映里将最初在六里屯定居时被茂密爬山虎遮蔽的美好夏日时光，与院子被拆时寒风中支离破碎的砖墙并置在一起，将私人空间与社会现实空间的矛盾进行了纪实性的社会学书写，记录了那个时期普通家庭的精神情感历史。

六里屯被拆后，荣荣和映里搬到了草场地。荣荣说，2004年，他们的第一个孩子出生，他们经常带小孩在附近散步。有一次，他们发现了一个废弃的厂房。他们很喜欢那里安静的环境，打算把它租下来，做一个摄影的空间。虽然那时798艺术区的规模已经很大，里面进驻了许多艺术机构，但却没有一个是专门做摄影的画廊。此前东村的经历和颠沛流离的生活让荣荣和映里感到，能够拥有一个当代摄影空间，让艺术家自由交流和创作是多么的重要。

起初，他们打算建一个公共图书馆，将他们从世界各地收藏的摄影书和大家一起分享。荣荣找来了艺术家朋友为他设计这个空间。看了这片将近七亩地的厂房后，朋友问荣荣和映里："你们还要做别的用途吗？"他们说："没有，非常纯粹，就做摄影的空间。"于是，这位朋友为他们设计了展厅、暗房、图书馆、艺术家居住空间、咖啡厅，还有几个多功能厅。这就是后来的三影堂。

三影堂摄影艺术中心于2007年开业。按荣荣的话说，三影堂面世的时候，很多人吓了一跳，觉得这个专做摄影的空间不可思议，非常震撼。荣荣说，他和映里对经营一个摄影画廊并不感兴趣。他们想提供一个平台，让更多摄影人发出声音，给中国当代摄影一个展示的空间。开幕的时候，三影堂举办了“中国当代摄影论坛”，请来了芝加哥大学教授、策展人巫鸿，艺术评论家凯伦·史密斯（Karen Smith），台湾摄影家阮义忠，纽约国际摄影中心策展人克里斯托弗·菲利普斯（Christopher Phillips）等国际当代艺术和摄影圈里的重量级嘉宾。近年来，三影堂举办了一系列重要的摄影学术活动及大型展览，包括“草场地摄影季·阿尔勒在北京”“中国摄影：二十世纪以来”作品展、森山大道丝网作品特展等等。2015年，三影堂厦门摄影艺术中心在荣荣的家乡落成。除此以外，三影堂还邀请国际艺术家到中心的暗房进行创作，出版摄影图书，并支持多项摄影教育项目。

值得一提的是，荣荣和映里在2009年设立了三影堂摄影奖，旨在鼓励中国的年轻摄影人。三影堂摄影奖到今年已经是第八届了。最开始的时候，荣荣和映里心里有些打鼓：一年一次摄影奖，好像挺快的，哪里有那么多新人？通过几年的经历，他们发现这完全不是问题，每一年都有新人，每一年新人的创作灵感都很多。比如今年，林博彦与黄承聪凭借《两位业余摄影爱好者不合时宜的工具》摘取了本届三影堂大奖。这两位二十出头的年轻人，打破传统摄影器械的概念，创造性地运用成像原理，改装摄影工具并进行拍摄。产生的作品似乎已经不再重要，他们制作工具与拍摄的整个过程也成为了艺术的一部分。

今年的评委之一，日本 MATCH and Company 总监及设计师町口觉先生感叹道：“日本也有年轻的摄影家，但是完全不一样的。中国年轻人的摄影太有活力了！”

中国当代摄影：何处为家？

虽然三影堂的名声响亮，但作为一个私人机构，运营一直举步维艰。荣荣说，当时他和映里几乎拿出了全部积蓄来建造三影堂。他们一开始以为只要房子盖完就万岁了，可真正的困难是从第一天运营开始的。

房子不能空着，每天需要安排哪些展览，邀请哪些嘉宾，举办什么活动，这些展览和活动的钱又从哪里来？荣荣说，最开始的时候，他们觉得官方能够给予他们一些支持，但这个愿望并没有实现。虽然有国外的基金会愿意资助三影堂，但作为中国本土的民间机构，接受海外的捐赠受到种种限制。

在欧美，私人艺术机构很大部分的收入都来自社会捐赠。于是，荣荣和映里两个原本“不食人间烟火”的艺术家只能到处奔走，希望得到来自国内的资助。映里说，三影堂摄影奖报名条件只有一个，就是需要中国国籍。从这个意义上来说，三影堂摄影奖完全是为中

荣荣与映里 2006 年拍摄的《三影堂》
（Three Shadows，No. 9-1），明胶卤化银工艺

荣荣与映里 2007 年拍摄的《三影堂》
（Three Shadows，No. 20-3），明胶卤化银工艺

国公民而设的，然而却一直得不到中国企业或中国基金会的支持，这让她非常费解。

近些年，三影堂也开始在运营上下功夫：他们开辟了“+3画廊”，做一些艺术家作品的销售；开办各种收费的摄影课程和学习班，出版摄影图书；与大使馆、文化中心合作，向居住的艺术家收费。

在三影堂成立将近十年之际，荣荣说：“我也不知道三影堂是怎么活下来的，这就像早期我在东村的时候，我不知道东村的艺术家是怎么活下来的。这是一个乌托邦。”

缺乏本土的支持，其实和中国影像教育的匮乏有密切关系。荣荣回忆起当时在中央美院求学时的经历，他说，美院之所以有摄影系，是因为要为版画系或者雕塑系拍照存档。当时的艺术家圈子里，大家一听他是做摄影的，就立刻会笑着说：“就是照相的嘛。”

荣荣说，“照相的”就一下比艺术家低好几个等级，这让摄影作品一直没有被当作一个独立的艺术载体承认过，从而导致了摄影艺术在中国处境非常尴尬。

荣荣和映里举了一个例子。有一次三影堂接待了鲁迅美术学院摄影系的研究生。他们的系主任亲自带着学生过来参观，希望看看三影堂的馆藏和暗房。当时学生们看到蛋白纸、银盐、铂金、湿板等工具与材料，都惊讶不已。荣荣问他们，你们在学校里看不到这些东西吗？学生们说从来没见过。后来荣荣和映里又考察了其他一些地方，比如复旦大学、中央美院等等，所有这些院校都没有摄影的收藏和暗房。荣荣感叹道：“没有暗房怎样去教学生摄影？看不到原作又怎样让学生真正欣赏摄影？这是我们公共教育的问题。”

相比起来，美国纽约现代艺术博物馆（The Museum of Modern Art， New York，简称 MoMA）在 1930 年就成立了当代摄影部，现在已经拥有超过两万五千张来自全世界的当代摄影作品，更不用说法国的蓬皮杜中心（Centre Pompidou， Paris）和英国的泰特美术馆（Tate Modern， London）了。荣荣总是说，中国摄影家没有“家”。他解释道，国外的摄影家，比如布列松（Henri Cariter-Bresson）、亚当斯（Ansel Adams），他们的“家”在蓬皮杜、在 MoMA，那里有对他们作品非常系统的收藏与研究。但目前，中国的摄影收藏几乎是空白。美术馆里没有专门研究摄影的人员，没有审查委员会，不懂得如何鉴别、收藏和保护摄影作品。

荣荣举了一个例子。有一次，一个省级美术馆希望收藏荣荣和映里的作品。荣荣一开始很高兴，可一听美术馆开的价钱，他就立刻拒绝了。他说，他们给的钱连做框都不够，这说明他们没有尊重你的作品。如果把作品给了他们，或者像很多其他摄影师一样裸捐，这些作品就会被存入库房，完全失去了艺术的价值。每次提到这个话题，荣荣和映里都会很激动。他们说，中国需要属于摄影的美术馆，在这个美术馆里需要艺术史学家、摄影批评家、学者去挖掘和整理，

荣荣与映里 2008 年于北京拍摄的作品，明胶卤化银工艺

需要出版机构，需要和画廊建立联系。这不是盖一个房子的问题，而是建立一整条摄影艺术的生态链。

荣荣和映里为了三影堂，为了中国本土摄影的生态，暂时放下了自己的相机，将大部分时间都投入到三影堂的运营当中。在将近十年的时间里，三影堂渐渐成为中国摄影师最重要的交流平台。每隔一段时间，三影堂都会收到包裹，里面装的都是捐赠给三影堂图书馆的摄影书。

三影堂还系统地收藏了每一届三影堂摄影奖的获奖作品原作。映里告诉我，第一届摄影奖举办时，来自女性摄影师的投稿非常少，人数可能只有男摄影师的十分之一。后来映里找到资生堂公司，希望他们支持三影堂摄影奖，特别是支持女性摄影师，于是就有了专门支持女性摄影师的“资生堂奖”。令人高兴的是，摄影奖举办三年之后，就有女性摄影师夺得三影堂大奖。又过了几年，投稿中男性摄影师和女性摄影师的作品在数量和质量上已经不相上下。这下评委们不乐意了，说专门设一个给女性摄影师的“资生堂奖”，是不是有些歧视。映里说，听到评委这样问，她才感受到，短短几年就可以有这么大的变化。她觉得一直坚持将三影堂摄影奖做下来没有白费力气，真的很有意义。

荣荣和映里说：“一生二，二生三，三生万物。三影堂是我们的第三个生命。这第三个生命再生出来，就是无限的影像世界。”

外

outside

当电影遇见芝加哥

见竹

2014年上映的好莱坞大片《变形金刚4：绝迹重生》（*Transformers:Age of Extinction*）是近期流行最广的一部以芝加哥为拍摄背景的影片。影片开始，外星人飞船越过芝加哥千禧公园（Millennium Park），在“云门”的不锈钢曲面外壳上映射出超尺度影像（图1、图2）。

“云门”，英国艺术家阿尼什·卡普尔（Anish Kapoor）在重建千禧公园时呈现的伟大设计，已经成为芝加哥的独特象征。这个以液态水银为灵感的无缝不锈钢雕塑，在导演迈克尔·贝（Michael Bay）的镜头下，成为遭遇外星人来袭的芝加哥的缩影。变形的城市建筑与人的轮廓，都笼罩在飞船巨大的黑影下。试想，如果没有选择“云门”的映射，这一风雨欲来、大厦将倾的濒死绝境便会索然无味。当然，云门的设计灵感也在这个视角下展现的淋漓尽致：“我

图 1 - 云门（图：Steve Wright Jr.）（上）
图 2 - 从云门侧面望过去，周围建筑被映照出非常奇特的形状（图：Harvey Barrison）（下）

想在千禧公园里设计一个能够以天空为背景映出轮廓的东西，人们能够在上面看到飘浮的云和摩天大楼的倒影，而且它的形状如门一般，人们可以走进去，就像从外部看到城市一样看到他们自己。”卡普尔这样描述他的构想。

环绕市中心的高架轻轨是芝加哥另一处标志性景观，取“elevated”（高架）一词的缩写，芝加哥人称其为“L线”。1892年，在人类即将踏入20世纪的时候，L线投入运营。那时的美国，一派欣欣向荣。新兴的芝加哥学派第一次将发源于英国的钢结构技术应用在高层建筑上，1885年落成的“家庭保险公司”十层办公楼成为世界建筑发展史上的钢铁里程碑。七年之后，L线将这一技术从纵向移植到横向，以全钢结构“箍”住了芝加哥的心脏，穿行在芝加哥林立的楼群间和芝加哥人的生活里（图3）。于是，以芝加哥为背景的现实题材电影，无一例外会将L线摄入镜头。

《湖边小屋》（*The Lake House*，又名《触不到的恋人》），第36分钟，夜色，由桑德拉·布洛克（Sandra Bullock）主演的女医生凯特在轻轨站等车，昏暗的灯光和老旧的站台，男女主人公一段跨越时空的爱情即将开启；《男人百分百》（*What Women Want*，又名《偷听女人心》），第59分钟，一对情人在轻轨高架桥下隐蔽的城市空间里激吻，镜头外只有头顶上列车的轰隆声，接下来又一波激情，发生在轻轨旁的小屋中，列车飞驰，小屋震颤，身体摇曳（图4、图5）；

图 3 –L 线，电影大师斯坦利 · 库布里克 1949 年的摄影作品（上）
图 4 –《湖边小屋》中女医生凯特在芝加哥轻轨站等车的场景（下 1）
图 5 –《男人百分百》中，一对情人在轻轨高架桥下隐蔽的城市空间里激吻（下 2）

《天气预报员》（*The Weather Man*）的主角是一个落魄失败的男人，在电视台做天气预报节目主持人，第10分钟，摄影机在轻轨高架桥下以平角拍摄，机动车在两排粗大的桥柱之间川流。由吕克·贝松（Luc Besson）监制的《致命黑兰》（*Colombiana*），辗转于巴黎、芝加哥、迈阿密、新奥尔良和墨西哥五个城市，在芝加哥，又是L线，选取俯拍的角度呈现轻轨线路的全貌（图6）；2009年出品的美国“穿越”电影《时间旅行者的妻》（*The Time Traveler's Wife*），男主角亨利从列车车窗看向窗外，城市建筑立面扑面而来，轻轨与摩天大楼的亲密关系跃然画面。

芝加哥人深爱L线。在他们的评选中，L线作为“芝加哥七大奇迹”之一，排名居然在著名的西尔斯大厦之前，而它发出的隆隆巨响也被形容为这座城市“钢铁心脏的跳动”，从历史传送到未来。

大咖云集，反映美国禁酒时期的警匪片《铁面无私》（*The Untouchables*），从远景拉近，将L线和一旁的小酒馆引入镜头，带观众走入20世纪30年代的芝加哥（图7）。而2014年上映的《分歧者》（*Divergent*），以未来时代的芝加哥为背景，宣扬一种观念：当世界变得灰暗、平庸、破败，人的精神意志就需要凌驾于物质世界之上。碧翠丝和她的“无畏派”队友展开勇气的初体验，沿着L线练习扒车、爬柱、走梁、跳车，一系列特写镜头，既是对危险和勇气的彰显，也是对轻轨结构形式以及与城市空间关系最清晰的表现（图8）。初

图 6 -《致命黑兰》中俯拍的芝加哥 L 线（上）
图 7 -《铁面无私》中，L 线高架下的各种店面（中）
图 8 -《分歧者》中，“无畏派”成员沿着 L 线练习扒车（下）

到芝加哥之前，对这座城市的印象仅仅是美国中西部大都市、工业化、跨国公司总部和黑帮。《铁面无私》中，罗伯特·德尼罗（Robert De Niro）饰演的黑帮大佬阿尔·卡彭是20世纪初芝加哥的“关键词”。直到踏上密歇根湖畔的这片土地，沐浴在“风城”清新的空气中，一个在广袤的中部平原上欣欣向荣的城市图景铺陈在眼前，繁华却不土豪，无处不显露着独有的艺术气质。

1779年，一个来自海地的黑人商人在此开设了第一家货栈，开启了芝加哥建城的序幕。在历史发展的第一个百年中，芝加哥是当时世界上人口增长最快的城市之一。1871年著名的芝加哥大火，几乎将市区夷为平地。浴火重生之后的芝加哥，以非凡的勇气再一次站在世界城市建设的潮头，催生了世界上最早的一批钢结构建筑。城市中心高楼外挂的防火楼梯、密歇根湖畔摩天大楼天际线、芝加哥河上飞跨两岸的铁桥，被摄影机一一揽入镜头。

《湖边小屋》中，亚力克斯与凯特在芝加哥不同的地点一次次感受到对方的存在和彼此的爱意，却无法触碰对方，因为他们所处的时空相差两年。在一个温暖的日子里，亚力克斯邀请凯特：“当这个城市的光线变得明朗起来，我可以触摸得到我所爱的建筑的每一个细节，每一块砖石和每一扇窗。跟着我走走逛逛吧，为什么不呢？夏天到了。”他寄给凯特一张地图，红色的圈圈点点，带着一对爱人“按图索骥”，哪怕时空相隔。接下来，关于他们在初夏芝加哥的游走，

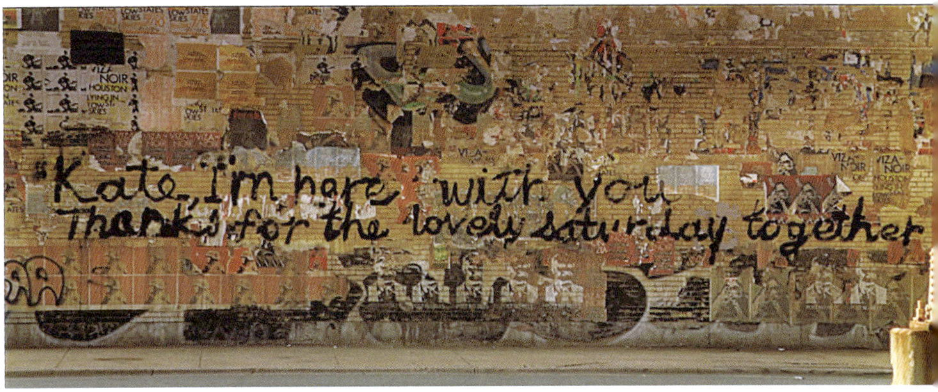

图 9 – 凯特和亚力克斯在芝加哥“共同漫步”时，设计了巧妙的三分屏镜头（上 1）
图 10 – 涂鸦墙上，亚力克斯给凯特的留言（上 2）

镜头设计非常独特。画面横向三段式，由芝加哥摩天大楼立面拼接，色彩质感，哥特式新古典现代主义的优雅变奏，男女主人公的身影与建筑影像叠加在一起，调和在初夏午后淡金色的光线里，好像他们温暖而迷幻的爱情。“凯特，我在这儿呢，一起感谢这个可爱的星期六吧！”在一面涂鸦墙上，亚力克斯留下了对凯特的问候。（图9、图10）整部电影，他们一次次出现在同一场景，却因为时空交错而黯然神伤。城市公园，远处是著名的汉考克大厦；芝加哥河畔，飞跃河道的座座铁桥；还有凯特工作的医院的咖啡厅，芝加哥“名片”式的经典场景，见证了触不到的恋人的美丽相约。

芝加哥位于密西西比河水系和五大湖水系的分界线上，四季分明，不同季节有各自的风情。《天气预报员》呈现了这座城市的冰雪季节。冰冻的密歇根湖面、城市中心区的溜冰场、密歇根湖滨公园，大量的冬季场景，烘托了男主人公大卫的落寞心境。与妻子离婚、父亲病重、儿子吸毒、女儿青春期问题、天气预报员的工作又遭人嘲弄，人到中年的生活在风城冬日的映射下愈发惨淡。虽是凄然，但冰雪覆盖下的密歇根湖确有一种凛冽的优雅，烟波荡漾幻化成朵朵冰冻的莲花，分外妖娆（图11）。

电影还有它的奇妙之处，超出行走的人的视角，带我们全方位“阅读”这个城市。当摄影机与芝加哥相遇，总不能忽略的，就是从密歇根湖遥望中心城区最美的天际线。《男人百分百》中，尼克触电

图 11 –《天气预报员》中，冰雪覆盖下的密歇根湖，烟波荡漾幻化成朵朵冰冻的莲花

后获得了可以倾听女人内心声音的超能力，此时镜头遥向密歇根湖，城市便也蒙上了超现实的金色与玫瑰色调。《致命黑兰》选择偏低视角俯拍摩天楼群，近景建筑的顶部溢到画面之外，摩天大楼的色彩、层次十分丰富，一种逼人的空气感引诱观众产生窥视的好奇心。这是我看过的最动人的鸟瞰镜头。电影中插入了大量类似高视角的城市空镜头，精准定位标志性建筑，为女主角穿行不同城市的复仇旅程添加注脚。

电影导演们还经常选用主人公的视角表达人在城市中的存在。《湖边小屋》中的亨利走出芝加哥哥伦比亚艺术学院大楼，透过玻璃转门看到久违的哥哥亚力克斯，一路之隔，是密歇根湖畔广场和标志性的骑士雕像。这所位于芝加哥市中心，紧贴密歇根大道的著名学院，内部是拜占庭式拱券，恢宏华丽，是孕育建筑师的天堂。在这里，同为建筑师的父子三人相聚，却又擦肩而过（图 12）。《蝙蝠侠：黑暗骑士》（*The Dark Knight*）中，地检官从办公室俯瞰芝加哥河，河上的铁桥与河岸的高楼被钢窗紧紧框住，这落地钢窗刚好是芝加哥学派建筑的标志性符号。

前面提到的《分歧者》，更是采用超常规的视角表现未来的芝加哥。碧翠丝和她的战友登上大楼屋顶，俯瞰城市，城市作为背景被镜头远远地推到后边。统治这个物质世界的，是未来一代的壮志豪情，虽然这也许是被扭曲的精神信仰。在“无畏派”队员进行高空滑索

图 12 –《湖边小屋》中兄弟见面时，背景中有密歇根湖畔广场和标志性的骑士雕像（上 1）
图 13 –《分歧者》中，无畏派成员登上大楼屋顶，城市作为背景被镜头远远地推到后边（上 2）

训练时，城市景象又以滑索的高速度出现在镜头中，芝加哥在超现实的尺度与速度中为这部科幻片铺陈背景（图 13）。还有太多与这座城市相遇的电影。青葱岁月如《当哈利遇到莎莉》（*When Harry Met Sally*），毕业季，男女主人公从芝加哥大学出发，开始了一段爱情与事业的人生之旅；名利风月如歌舞片《芝加哥》（*Chicago*），对城市着墨极少，更多的场景选自州街转角的芝加哥歌剧院内，在歌舞中勾勒出这个弥漫着性、暴力、名利的"爵士天堂"。

作为建筑师，请允许我在文章即将结尾的时候向一位大师致敬。当银幕上出现《天气预报员》中的前妻居住的独栋别墅，宽阔的屋檐、竖条开窗，与环境浑然一体，我知道这是芝加哥典型的"草原住宅"。而这一建筑形式的缔造者就是伟大的建筑师弗兰克·劳埃德·赖特（Frank Lloyd Wright）（图 16）。赖特出生于威斯康星州，大学毕业后来到芝加哥，进入沙利文建筑事务所工作，从此开始了对有机建筑理论的探索，与瓦尔特·格罗皮乌斯（Walter Gropius）、路德维希·密斯·凡德罗（Ludwig Mies van der Rohe）、勒·柯布西耶并称为世界四大现代主义建筑大师。今天芝加哥郊区的橡树园还保留着赖特的故居，以及他大量的建筑作品。这里是他辉煌生涯的起点。而另一位文学大师海明威（Hemingway），在 19 岁离开芝加哥后就再也不愿回来。人与城市的际遇，往往比电影更加跌宕起伏。虚构与现实，就在那一转身的距离（图 17）。

图 16 – 弗兰克 · 劳埃德 · 赖特

图 17 – 芝加哥天际线（图：Daniel Schwen）

外

outside

不只是乐器：Handpan 传奇

陈睿

Handpan是一种纯金属制作，形状像外星飞碟的“乐器”，由两名瑞士人菲利克斯·霍纳(Felix Rohner)和萨比娜·谢雷(Sabina Scharer)于2000年创造。起初，这两位艺术家只是使用汽油桶制作经典的钢鼓，后期尝试用钢鼓的材质制作乌嘟鼓（UDU）①。在偶然的尝试下，两人在乌嘟鼓的密封腔体基础上合理地融入了钢鼓的音区，形成特有的共鸣方式，发明了一种新的发声器具，并起名为“Hang”。因为它的形状，在国内，人们通常称其为“手碟”。

① UDU也译作“巫毒鼓”，是非洲音乐演奏中的重要打击乐器，最初来自尼日利亚。

陈睿与他的 Handpan

不是乐器

Hang是Handpan的始祖，也是霍纳和谢雷创建的PANArt公司的注册品牌，因此Handpan这种“乐器”起初是独门生意。后来也有其他国家的制作者仿造研发，并宣布成功制造出“Hang”，但由于“Hang”已经被注册，后来者的作品都通称为“Handpan”，这成为代表此类乐器的最广义的统称。

人们也常将这种乐器称为“Hang drum”（即“Hang鼓”），这是因为人们起初无法定义它的属性，难以形容这个奇怪的铁器。由于有手敲的动作，人们便习惯性地称它是“鼓”。而乐器的创造者认为这是一种误称，并严重限制了Hang的使用。创作者甚至不把它定位为乐器，调音也不局限在国际标准的440Hz乐器定音系统上。

在早些年Hang还未停产时，人们会到PANArt公司登门拜访，以求定制，由于产量非常少，公司会筛选订制者。想要购买Hang，订购人需要写亲笔信给PANArt公司，只有信被选中，才能获得购买权，而大部分来信者会被淘汰，即便你是一个非常专业的音乐人，也同样会被拒绝。因为制作者不希望它成为一个专业“乐器”，也不希望它被定义成一个演奏工具。他们认为，它不是鼓，也不是其他种类的乐器，它就是一个发声的艺术品，它就是Hang，所以，必须是真正理解这件艺术品的人，才有资格获得它。

1st Generation
2003

Low Hang
2005

2nd Generation
2006

2nd Generation
2007

Integral Hang
2007

PANArt 公司的五代 Hang 产品

Hang 是以匠人精神纯手工打造的，一块钢板经过千锤百炼，被敲打成一个飞碟的形状，制作者再用锤子调整每一个音区的音色，再加上渗氮、镀铜、抛光等工艺处理才能完成。因为制作过程极为复杂，产量稀少。而世界各地的粉丝不断增多，即便是在早期幸运地订购到 Hang 的人，也要等上 1~3 年才能收到货。

后期，PANArt 的两位艺术家由于需要更多时间和精力去研究新作品，他们宣布不再制作 Hang，现在市面上流通的二手 Hang 基本都被炒至 4 万到 6 万人民币之间，而其他品牌的 Handpan 也有同样的问题。

我有位北京的好友唐先生，也是 Handpan 的资深收藏家，从 2009 开始，他用五年的时间写亲笔信给 PANArt 公司，数次被拒绝，但每封信都承载了他对 Hang 的执着，直到 2014 年年底，他终于收到由 PANArt 公司制作者亲手写的回信，上面写着：“欢迎你来瑞士。”唐先生非常兴奋，大年三十跑到了瑞士 PANArt 公司。他与制造者交谈了两天，最终提出“磨合期”的购买方式。此时 Hang 已经停产，PANArt 公司决定以每月收取租金的形式“租借”了一只 Gubal（这是 Hang 停产之后新发明的与 Hang 形状类似的乐器）给唐先生，经过半年磨合，Gubal 已经成为唐先生生活的一部分。至此，PANArt 公司才愿意将这个乐器真正卖给唐先生，唐先生也是中国唯一经正式渠道获得 PANArt 公司产品的人。

魅　力

菲利克斯·霍纳说过一句话：“我没想到它的声音是有毒的。”

我认为，Handpan之所以受人热捧，不完全在于它的音色。那些夸张的传闻和神秘的来源，使得“天籁之声”的光环已经超越声音的本身。

在常人眼中，Handpan已成为传奇，追捧者被名气冲昏了头脑，像着了魔一样。其实单纯从音乐的角度来讲，它只不过有9个音，局限性非常大，既没有钢琴大气，也没有吉他的变化。Handpan必须用全手工打造，产量很少，使它难以普及，因为调音的规律问题，也使之难以与其他乐器合奏。我曾经带着Handpan在浙江卫视上节目，周立波先生点评道：“Handpan上不了大雅之堂。”所以，很多专业人士认为，Handpan只是被传言美化的一件乐器。

但是，我却有不一样的看法。

不同人的审美，都有不同的范畴和局限，没有对与错，区别在于用什么角度去欣赏。专业人士用科班知识去解读Handpan，当然不会满意。而它的发明者霍纳对它的定位，本就不是乐器。

Handpan闻名于街头。我们在视频网站上搜索，得到的结果中，视频最多的演奏者是丹尼尔·韦普尔斯（Daniel Waples），他就是一位居无定所的街头演艺人，同样我也认为，街头才能最大程度地表现 Handpan 的魅力，因为这种场景使它拥有一种“综合之美”。

从视觉上看，Handpan 非常神奇，甚至有些滑稽，外形仿佛是外星飞碟，敲打出粗糙的质地，使它的表面看起来像是廉价的锅盖。可是当你听到优美的声音，你就会惊叹于它声音与外表形成的强烈反差，大脑加速分泌的多巴胺马上会告诉你它有多么不可思议，这就像尼克·沃奇西克（Nick Vujicic）天生没有四肢，却学会了游泳与冲浪!

其次，是它给人的听觉感受。它常常出现在繁华的街头，发出柔美和安静的旋律，在车水马龙的间缝里显得特别清晰。它特殊的声音也区别于其他乐器，这与它的发声方式有关。Handpan 的发声区域被称作“note”，呈椭圆形，跟弦乐的线状震动不同，note 以面状的震动发声，因此能发出特异的声音。每个椭圆形的长直径有八度泛音，短直径有五度泛音，因此每个 note 都由根音、八度泛音、五度泛音再加上整个腔体由赫姆霍兹共振原理造成的低音组成。因此我们所听到的看似简单而又丰盈的声音，都是由这些复杂的原理构成的，这无疑成为了它美的核心。

其三，从 Handpan 的认知上，最大的魅力便是它的神秘感。经过制作者以艺术家创作的精神打造出来，哪怕只当它是一个金属雕塑，都有着艺术品的魅力。而街头乐手又赋予它一种颇为出世的生活态度，加上各种传言，为它披上了神秘的面纱。

从视觉、听觉、演奏者，加上有神秘色彩的故事背景，搭配出一个独有的演奏场景，这才构成真正的 Handpan 魅力。

入　魔

与其他 Handpan 拥有者一样，我也适用于那句话："每只 Handpan 跟它的主人都有一个故事。"的确，收藏 Handpan 比演奏它更难，需要拥有各种渠道、人脉，更重要的是需要耐心，因为制作者们不会公开售卖，只有靠爱好者们在世界各地，通过搜索和打听，才能寻找到它们。每只 Handpan 的"寻宝"过程都是一个故事。

我最早接触 Handpan 是在五年前。当时，我在网上无意中看到丹尼尔·韦普尔斯的视频，作为从事创意行业的人，好奇心发作，于是通过网络搜索阅读了大量资料，了解了一番这枚"飞碟"。而后我脑中的第一个念头是，它只有 9 个音，会不会很容易学？第二个念头是，说不定可以结合我的艺术创作，创作出视觉加听觉的艺术作品。

接下来的一年里，我也开始像着了魔一样，每晚至少有三小时趴在电脑前，在网上拼命搜索、学习关于 Handpan 的各种知识。直到 2012 年，我在社交网络 Facebook 上认识了一位墨尔本的大学生，他决定转让一只巴厘岛产的二手 Handpan 给我。我终于得到了第一只 Handpan。

由于这件乐器的特殊性，很快我引起了很多人的注意。在一年时间里，我被数家媒体和电视台采访，“音乐人”的头衔已经盖过了我艺术家的身份。这几年来，我依然会打探世界上各种 Handpan 的最新信息，并结识了世界各地的制作者和玩家，也收藏了二十多只 Handpan，它们来自世界各地不同的制作者。这些收藏品已经是我生活中的一部分，也成为我艺术创作的元素，更成为我的个人标签之一。而事实上，我几乎没有音乐理论基础知识，我只是感性地即兴创作，怎么好听就怎么演奏。对我来说，它依然是一个会发声的艺术品，也因为这样，我才能驾驭它。

投入时间和精力去从头学习一件乐器非常困难。那意味着先要学习大量技术和理论，花费大量时间练习，之后才可以自由控制乐器。而 Handpan 则非常特殊，不需太多的理论基础就可以自由地奏出好听的声音。至今世界上也未形成演奏 Handpan 的固定技术规范，一个随意的手法，都有可能成为它的一个革命性的演奏方式。这意味着我真的可以利用它来自由创作，而不是去效仿。对于一个学美术的人来说，这是多么疯狂的事情!

我至今还在不断地挖掘它的可能性——与电子音乐合奏、与 VJ 的全息图像进行同步、混搭在不同的新媒体装置上等等。每一次成功的实践，都将可能会被记录在 Handpan 演奏的历史进程里。

世　界

Handpan 的即兴演奏，更像是演奏者精神与肉体的延伸，与他们当时的情绪、喜好和经历息息相关。就像我们每一刻的行为语言本身，都仿佛是穿越无数我们经历过的时间切片发展而来，因此，从声音里面，或多或少都可以判断出演奏者的一些经历和性格。比如我们熟悉的丹尼尔・韦普尔斯，他是网络上最流行的演奏者之一，他不喜欢用高难度的敲击技巧，而是倾心于自由随性的演奏与柔美的旋律编排。2014 年他来过广东，与他交流得知，他本身也是一位流行吉他手。他热爱自由，现在是全职街头艺人，每周都在不同城市的街头进行演奏。也因此，他的音乐富于自由与流行气息。

另外一位在网上十分知名的 Handpan 演奏者是大卫・库克赫曼（David Kuckhermann），他的受众大部分是专业音乐人。他擅长超高难度的演奏技巧，对节奏的把控出神入化，而他也是一名专业的敲击乐专家。

还有利龙・曼（Liron Man）、丹尼・卡德（Danny Cudd）和刚去世不久的丹提・布奇（Dante Bucci），他们都有着各自的专业本领，再将自己的专业逻辑运用到 Handpan 的演奏上。

没有标准化的演奏技术体系，每个人都会按自己的理解去演奏 Handpan，只要听演奏者的曲子，便能基本猜到他之前的职业。

每个演奏者编排出来的曲子，也都能反映出他们的生活经历，所以Handpan的曲风与演奏者的成长不可分割。李小龙说过，练双节棍就是他双手的延伸，我相信，Handpan是个人情绪与创造力的延伸。

关于世界各地Handpan的制作者，则是更神秘的话题。由于Handpan的制作工艺复杂，须具备音乐与工业的双重知识，并且每个制作者都没有完全公开自己的核心工艺，因此制作者们需要大量的时间来研究独门秘方。不同的手法、材质和工艺，都会使制作出来的Handpan在外形和音质上有一定差别，每只Handpan也因此形成了自己的独特个性。

丹尼尔·韦普尔斯帮我订制的“TerraPan”，外形粗旷狂野，颜色随性如泼墨，制作者是一位来自美国的雕塑艺术家。我还有一只日本圆部良的“Sonobe Handpan”，外观非常精细，音质细腻，也体现了日本人的细腻和匠心精神。

自Handpan的始祖品牌Hang发明以后，陆续研发成功的还有西班牙的“Bells”和美国的“Halo”。它们一直是Handpan界的三大品牌。直到最近，由于互联网的传播，世界上已经出现近60名制作者，其中许多人的作品品质都非常不错。顶尖品牌中加入了俄罗斯的SPB和以色列的Asachan。

值得一提的是，国内也有一位成功的制作者，他是中国美院雕塑系的张桦。记得第一次拜访张先生，是在杭州的山区里，一个小瓦屋子，门口是农田与鱼塘，他的工作室就在这样几乎与世隔绝的环境里，他也得以静心地研发作品。在几年的时间里，他打破了几百个“锅”，终于成功制作出他的Handpan，名字叫“玄音”，他也成为亚洲仅有的两个制作者之一。

风　潮

自从2012年我拥有第一只Handpan起，就加入了豆瓣网的Handpan小组。当时小组仅有两百多人，成员更多是爱好者，其中真正拥有Handpan的不到十人，到现在小组已经发展到四百多人，各省份的Handpan微信群也纷纷建立。经大致统计，国内拥有Handpan的人已经达到30位。

国外的电影《阿黛尔的生活》（*La Vie d'Adèle*）、《我甜蜜的胡椒地》（*My Sweet Pepper Land*）和国内电视剧《好先生》中都出现了Handpan的演奏场面，这也使更多人迅速地对这个小众乐器产生了兴趣，甚至掀起一股风潮，使更多的爱好者陆续加入到演奏者和制作者的行列中。

目前虽然拥有Handpan的人数在增长，但是多半是收藏为主，能演奏的仍然占少数。北京的打击乐手刘恒、上海的鼓手石磊都是专业的Handpan演奏者。北京的Handpan收藏者较多，其次是江浙一带。

Handpan 演奏与全息投影结合的现场表演

北京的资深玩家马岩，更创立了Handpan衍生品品牌ALIENMARK，研发全球最轻与最坚硬的碳纤维Handpan保护包，销往世界各地，解决了国内外玩家的携带问题。

由于Handpan的文化历史起源于互联网，通过网络为人熟知的国外Handpan演奏大神早已成为大家潜意识中的偶像，大家难免会在演奏和曲风上效仿他们，但这并非坏事，而是一个必然的学习过程。至于制作者，效仿的过程则不像演奏者那么顺利。由于电影带来的风潮，市场需求激增，也催生了一批急着量产的制作者。但Handpan的研发复杂烦琐，无论在哪个国家，制作者都需要花数年时间研究。量产虽然是大家的愿望，但目前全世界也没有成功案例。

Handpan的发声方式特别，这是制作难点和核心技术，有一些量产出来的“Handpan”绕过了这一步，造出了一批又一批所谓的“外形Handpan”，在爱好者圈子里，大家认为它们根本不符合基础发音标准。哪怕外表再接近，也绝对算不上Handpan。因此这些量产的工业品，大家都视之为“山寨”货。

这正响应了那句话：“空灵的Handpan只能给有心的人制造。”然而，我本人并未对这些商业行为感到愤怒。存在即合理，这些不发音的“山寨”货之所以出现，也是因为市场的需求，为了满足许多人拥有Handpan的梦想。我作为一名“八零后”，也和许多同代人一样，年少时的知识积累，大部分都源于盗版或山寨的光盘与图书，在某种程度上说，它们推动了文化的发展。但我并不赞同山寨的做法，很多时候，山寨者打着文化的旗号，以商业利益为目的，欺骗消费者，传播假信息，使爱好者得不到真正关于Handpan的知识。我曾经遇到朋友说过“我听过Handpan，跟打锅没什么区别”。显然，这是听到山寨货的感受，这已经对爱好者产生了极大误导，也会对用心的制作者和演奏者带来莫大伤害。不过我相信，这是一件事物真正独立于世之前的必经阶段。我也相信，Handpan终究会在人们的生活里普及，形成爱好者群体，并分门别派。

我很荣幸在我的人生里可以接触到这个乐器，并目睹它在这个世界里的发展。Handpan得之不易，造之不易，得到它要用心，制作它更要用心。它发出的空灵声音，也召唤着有心之人。

撰稿人

王汉军：毕业于清华大学，教授级高级工程师。1988年参加工作，在建筑行业工作至今。现任中国地铁咨询公司总经理，北京城建设计研究院院长。

陈丹青：1953年生于上海。当代颇具影响力的艺术家、作家、文艺评论家、学者。1980年其所创作的《西藏组画》轰动中外艺术界，被公认为具有划时代意义的经典之作。

徐晓冬：60后，爱好滑雪、旅游、随手拍照。虽弱冠之年学土木，但十年却未用它糊口。

蔡德全：朴实主义艺术倡导者，“铁匠铺艺术拯救”计划发起人，中国当代传奇铁匠。

郑　路：自由艺术家。中央美术学院雕塑系硕士。本科就读于鲁迅美术学院雕塑系。2005年获得L.V.M.H.青年艺术家大赛奖学金，并于巴黎国立美术学院学习。

叶思太：叶思太·卡得尔汗，哈萨克族，甲胄复原师，奥宗工作室创始人，现于中央民族大学民族学与社会学学院人类学专业攻读硕士学位。

薛　茗：美国自然历史博物馆人类学部博士后研究员，美国加州大学洛杉矶分校人类学博士。她的研究关注民族艺术、当代艺术、艺术商业，以及城市化过程中的社会变革。

见　竹：建筑学博士，建筑师。对建筑有十二分的热爱，也醉心于对艺术的探究，希望在二者之间探索出一道可以自如往返的道路。

陈　睿：跨界艺术家，艺术创作范畴广泛，设计、插画、音乐、新媒体等都是创作研究对象，擅长运用多种媒介混搭创作，结合人文题材，发掘新语言打造作品。

图书在版编目（CIP）数据

班门 . 铁之温 /《班门》编委会编 . — 北京 : 北京联合出版公司， 2016.12

ISBN 978-7-5502-9331-1

Ⅰ . ①班… Ⅱ . ①班… Ⅲ . ①艺术史 – 中国 Ⅳ . ① J120.9

中国版本图书馆 CIP 数据核字（2016）第 292020 号

班门：铁之温

策　　划：北京城建设计发展集团
特约编辑：王亚男　王　禄　　装帧设计：聯合書莊
责任编辑：闻　静　赵晓秋　　封面设计：周伟伟

北京联合出版公司出版
（北京市西城区德外大街 83 号楼 9 层 100088）
北京联合天畅发行公司发行
小森印刷（北京）有限公司印刷　新华书店经销
字数 144 千字　787mm×1092mm　1/16　14.5 印张
2016 年 12 月第 1 版　2016 年 12 月第 1 次印刷
ISBN 978-7-5502-9331-1
定价：42.00 元

征集函

当您读到《班门》时，我们渴望、努力地和读者们一起阅读。《班门》以“门”为界，向大师致敬、被大师加持的“手艺”、后生的体验，形成《班门》的结构，是对匠人、对手艺的爱和敬意。

《班门》旨在实现深度阅读和求学新知的理想。要的不是碎片化读本，而是值得铭记的文字；要的不是高度概括，而是细部展示；要的不是炫耀文笔，而是要阐明要讲述的内容。

期望您将目光投向《班门》时，带着热忱和愉悦，带着思想和深度，发出光芒，经久不息。

联系电话：010-82065366
投稿邮箱：bjlhcb@sina.com
联系地址：北京市西城区德外大街83号德胜国际中心B座9层